SAN FRANCESCO

DER HEILIGE AUS ASSISI

Herausgegeben von
Christoph Kürzeder

DIÖZESAN
MUSEUM
FREISING

ZUM GELEIT

ESSAYS

INHALT

KATALOGTEIL

FRANZISKUS IN DER KUNST

ANHANG

So hat der Herr mir,
dem Bruder Franziskus,
gegeben, das Leben
der Buße zu beginnen.

Hl. Franziskus, Testament

ZUM GELEIT

Warum dir? Francesco – ein Heiliger, ein Papst und eine entscheidende Frage

Christoph Kürzeder

„Ich frage, warum dir die ganze Welt nachläuft und scheinbar jedermann dich zu sehen, hören und dir zu gehorchen begehrt? Du bist kein Mann von schöner Gestalt, kein Mann der Wissenschaft, du bist kein Adeliger. Wie kommt es, dass gerade dir die ganze Welt nachläuft?"

In den *Fioretti des heiligen Franziskus* aus dem 14. Jahrhundert legt der unbekannte Autor diese provokante Frage einem der ersten Gefährten des Heiligen, dem Bruder Massäus, in den Mund. Die Frage gilt heute noch genauso: Warum bewegt und fasziniert der bereits vor knapp 800 Jahren verstorbene Heilige aus Assisi bis heute die Menschen, fühlen sich manche sogar dazu berufen, ihr ganzes Leben nach seinen Idealen auszurichten, in einer franziskanischen Gemeinschaft, ob als Laien oder als Ordensangehörige? Bücher über ihn füllen Bibliotheken, jedes Jahr kommen weitere dazu und auch im Medium Film ist Franziskus von Anfang an dabei. Bereits 1918 entstand eine erste Filmproduktion über sein Leben, der bis heute unzählige folgen sollten. Und während die Popularität bei den meisten Heiligen im Laufe der Geschichte oft sehr regional begrenzt und wechselhaft war und manche Heilige heute sogar ganz vergessen sind, hat sich der Franziskus-Effekt über die Jahrhunderte nicht abgenutzt – im Gegenteil. Der Heilige aus Assisi ist heute populärer denn je, weltweit und auch außerhalb der katholischen Kirche. Ausgelöst hat diesen neuerlichen Hype der Argentinier Jorge Mario Bergoglio, am 13. März 2013 zum 265. Nachfolger Petri gewählt, als erster Jesuit, als erster Nichteuropäer seit 1300 Jahren und vor allem als erster Papst überhaupt, der sich Franziskus nennt. Mit dieser Namenswahl gab er seinem Pontifikat von Anfang an eine klare kirchenpolitische und pastorale Richtung, nutzte damit aber auch die durchweg positive Popularität des Heiligen für sich und das Papsttum. Aus der Sicht eines Franziskaners könnte man hier sogar von einer Form „kultureller Aneignung" sprechen. Zwar gab es im Laufe der Kirchengeschichte immerhin fünf franziskanische Päpste[1]. Diese sahen ihre Aufgabe jedoch nicht primär darin, die Leitung der Kirche unter franziskanische Ideale wie Armut und Christusnachfolge zu stellen.

Anders Herr Bergoglio, er verfolgt als Franziskus I. eine klare Absicht: Reform und Erneuerung einer krisengeschüttelten Kirche im Geist des *Poverello*, des *kleinen Armen*, wie Franziskus in Italien schon zu Lebzeiten genannt wurde und bis heute wird.

Auf den Franziskus-Effekt setzte schon im 13. Jahrhundert der eine oder andere seiner Vorgänger. Innozenz III. (+1216) und Gregor IX. (+1241), beide Zeitgenossen und bedeutende Förderer des Heiligen und seiner Armutsbewegung, erkannten das Potential des charismatischen Wanderpredigers, Asketen und Ordensgründers für die eigenen kirchen- und machtpolitischen Ziele. In Franziskus hatten sie eine ideale Leit- und Integrationsfigur gefunden, der mit seiner explosionsartig wachsenden Ordensgemeinschaft entscheidend dazu beitrug, die damals von Spaltung und Machtverlust bedrohte Kirche wieder zu einigen und zu stärken. Die Heiligsprechung im Juli 1228 nicht ganz zwei Jahre nach seinem Tod und die gleichzeitige Grundsteinlegung seiner monumentalen Grabkirche in Assisi bezeugen dieses päpstliche Kalkül.

Die Heiligsprechung und der Bau der Basilika San Francesco sind wichtige Meilensteine in der medialen Vermittlung des Heiligen. Er ist nicht nur eine der am besten historisch dokumentierten Persönlichkeiten des Mittelalters, sondern auch eine der am meisten dargestellten. Mit seinem Tod beginnt eine Medienkampagne in Schrift und Bild, die durch die Jahrhunderte immer wieder von den gerade neuesten Strategien medialer Vermittlung befruchtet und aktualisiert wurde. Dabei wurden und werden bis heute immer wieder verschiedene Facetten seiner Persönlichkeit und seines Charismas betont. Zu seinen Lebzeiten begeisterte er die Menschen ganz unmittelbar mit seinen öffentlichen Aufritten und Predigten, die teilweise zu tumultartigen Zuständen führten. Zeitgenössische Berichte lassen eher an einen gefeierten Superstar mit seinen Fans und Groupies denken, als an einen bettelnden Bußprediger mit seiner frommen Gemeinde, wie der Kleriker Thomas von Split von einer Predigt des Heiligen in Bologna am Fest Mariä Himmelfahrt des Jahres 1222 berichtet, zu der „fast die ganze Stadt zusammengeströmt“ war: „Die Verehrung und Begeisterung der Menge steigerte sich derart, dass Männer und Frauen scharenweise auf ihn einstürzten und darum kämpften, wenigstens den Saum seines Kleides zu berühren oder einen Fetzen von seinen Lumpen an sich zu reißen.“

Mediale Aufladung, Starkult und große Kirchenpolitik sind die eine, eher laute und extrovertierte Seite der Franziskusgeschichte. Daneben gibt es aber eine ganz eine andere, vollkommen konträre, ohne die der Franziskus-Effekt nur ein kurzes Strohfeuer der Geschichte gewesen wäre. Auch diese Seite ist bereits in der Persönlichkeit des Heiligen begründet, nämlich den Weg nach Innen zu gehen, in Rückzug und Konzentration, im Ringen um Sinn und Ziel, begleitet von der Sehnsucht nach einem Leben in Harmonie mit sich und seiner Umwelt, nach einer gerechten und friedvollen Welt und nach einer Gemeinschaft, die trägt, mit der man teilt und in der man sich auch mitteilen kann. So habe auch ich den Heiligen vor vierzig Jahren kennengelernt, in der Comunità di San Masseo, einem ehemaligen, halb verfallenen Benediktiner-Priorat unterhalb der Stadt Assisi, benannt nach dem eingangs zitierten Bruder Massäus. Der charismatische Franziskanerbruder Bernardino Greco hatte in den frühen 1980er Jahren mit der Renovierung und dem Wiederaufbau der historischen Gebäude begonnen, um hier vor allem jungen Menschen den anderen Franziskus nahe zu bringen. Er hatte dafür einen sehr auratischen Ort gewählt, eingebettet in die schönste umbrische Landschaft, umgeben von Olivenhainen, Wiesen und Feldern, mit einer romanischen Krypta als geistlicher Mittelpunkt und Herzkammer der sich ständig verändernden Gemeinschaft. Seit diesen Tagen begleitet mich der Franziskus, den ich an diesem wunderbaren Ort kennengelernt habe.

Genau diese Frage, Wer ist für mich der Heilige aus Assisi?, haben sich Menschen über die Jahrhunderte immer wieder neu gestellt und versucht, ihre Beziehung zu ihm auch in Wort und Bild zu fassen. Im ersten Teil dieses Bandes kommen daher Menschen zu Wort, die auf die eine oder andere Weise am Ausstellungsprojekt beteiligt waren und die ihre ganz persönliche Geschichte von und mit dem heiligen Franziskus erzählen. Der Katalogteil mit den Ausstellungsobjekten entfaltet dagegen markante Episoden seiner offiziellen Bildgeschichte. Die meisten der gezeigten Bildwerke kommen aus Italien, viele von ihnen sind erstmals in Deutschland zu sehen bzw. wurden überhaupt das erste Mal verliehen. Allen voran das bedeutende Tafelbild von Pescia, das bereits neun Jahre nach dem Tod des Heiligen entstanden ist und deshalb zu seinen frühesten und bedeutendsten Bildzeugnissen überhaupt gehört. Ohne die Großzügigkeit und ohne die freundschaftliche Unterstützung von Seiten der italienischen Leihgeberinnen und Leihgeber, der Museumskolleginnen und -kollegen, vor allem aber ohne den unermüdlichen Einsatz unserer hoch kompetenten und erfahrenen Kollegin Lidia Carrion, die das Projekt auch angeregt hatte, wäre diese Ausstellung niemals realisierbar gewesen. Unermüdlichkeit ist auch eine Eigenschaft von Christian Schmid, der nicht nur mit dem ihm eigenen Einfühlungsvermögen, mit großer Leidenschaft, Sensibilität und Kreativität das Buch gestaltet, sondern mit seinen Fotos auch die Poesie und Magie der Orte und Landschaften des Heiligen in Umbrien und der Toskana auf einzigartige Weise eingefangen hat. Und obwohl meine Kollegin Anna-Laura de la Iglesia y Nikolaus immer wieder betonte: „Mit Franziskus kann ich nichts anfangen!“, hat sie doch viel Lebenszeit für die redaktionelle Betreuung des Buches geopfert und sich auch noch ins Konzept der Ausstellung eingebracht. Sie war damit kritisches Regulativ für einen vielleicht manchmal allzu euphorischen und parteiischen Kurator. Philipp Arnold hat die mühevolle Aufgabe der Herstellung übernommen und dabei so manche franziskanische Tugend geübt, allen voran Demut und Geduld. Gedruckt auf dem wunderbaren Naturpapier von Gmund Papier möge dieses Buch für Sie, liebe Leserinnen und Leser, mehr sein als ein klassischer Ausstellungskatalog, eine Anregung, den *Poverello* und seine Welt neu zu entdecken und vielleicht Antworten auf die entscheidende Frage zu finden: Warum dir? ※

1 _ Nikolaus IV. (1288-1292), Sixtus IV. (1471-1484), Julius II. (1503-1515), Sixtus V. (1585-1590), Clemens XIV. (1769-1774).

Denn als ich in Sünde war,
kam es mir sehr bitter vor,
Aussätzige zu sehen.
Und der Herr selbst hat mich
unter sie geführt, und ich habe
ihnen Barmherzigkeit erwiesen.
Und da ich fortging von ihnen,
wurde mir das, was mir bitter
vorkam, in Süßigkeit der Seele
und des Leibes verwandelt.

Hl. Franziskus, Testament

Franziskus-Bilderbuch

P. Damian Bieger OFM

Als ich Franziskaner wurde, habe ich nur einen Koffer und eine Sporttasche ins Kloster mitgebracht. Insofern habe ich mich vorher gefragt: „Was nimmst du mit? – Was lässt du zurück?" Mit von der Partie war ein kleines Album, in dem ich meine kostbarsten Fotos aufbewahrt habe. Gewissermaßen eine eiserne Reserve an bedeutenden Bildern. Dieses Album steht bis heute bei mir im Regal. Es sind aber längst neue Bilder dazu gekommen.

Wenn jemand wissen will, was „mein" Franziskusbild ist, muss ich an dieses Album denken – nicht, weil sich darin eine Darstellung des Heiligen aus Assisi befindet. Tatsächlich enthält es sogar keine einzige Abbildung von ihm. Nein, sondern weil diese Frage mich dahin führt, eine Auswahl der Lieblingsbilder meines Ordensvaters aus verschiedenen Zeiten zusammen zu stellen.

Der Vollständigkeit halber muss ich mit dem allerersten Bild beginnen, das ich jemals von Franziskus gesehen habe. Es war das Titelbild auf dem Buch von Carlo Caretto, *Was Franziskus uns heute sagt!* aus dem Jahr 1981. Ein Freund hatte mir das Buch geliehen, weil er wusste, dass ich darüber nachdachte, ein geistliches Leben zu führen. Tja! Tatsächlich haben mir weder das Bild noch das Buch etwas gesagt! Denn ich habe einfach nicht verstanden, um was es da ging. Mir fehlte schlicht der theoretische Hintergrund. Da wurden Fragen diskutiert und beantwortet, die nicht meine waren.

Das Bild, das dann aber bei mir als Jugendlicher „zündete", war die Ikonografie im Film „Bruder Sonne, Schwester Mond" (1972) von Franco Zeffirelli. Ein junger Mann, der die Konventionen und Werte seiner Familie hinter sich lässt und durch die Nachfolge des armen Jesus frei wird. Heute schmunzelt man vielleicht darüber? Aber mir hat das Bild des zur Musik von Riz Ortolani heiter durch die Mohnfelder tanzenden Franziskus regelrecht die Tränen in die Augen getrieben. Daran konnte ich mich nicht satt sehen – und habe den Film im Jahr meines Ordenseintritts sicherlich sieben Mal angeschaut. Viele Jahre später habe ich ihn nochmals gesehen und festgestellt, dass die Zeit dieses Bildes für mich vorüber war. Dennoch halte ich es in Ehren.

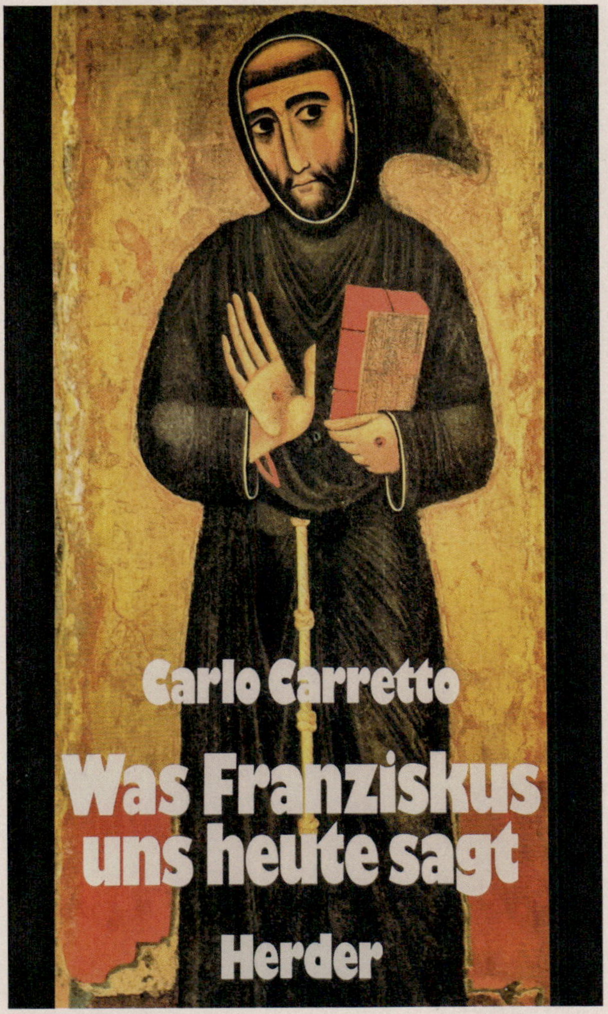
Carlo Carretto
Was Franziskus uns heute sagt
Herder

Ein weiteres Franziskus-Bild in meinem inneren Fotoalbum hat während meines Theologiestudiums Kontur gewonnen. Natürlich wurde zwischen uns jüngeren Brüdern in Ausbildung heiß diskutiert, was denn jetzt „franziskanisch" oder „typisch Franziskus" sein sollte. Und tatsächlich eignet sich Franziskus ja großartig dazu, dass man irgendeine Facette aus seinem Leben herausgreift und sagt: „Das ist das einzig Wahre!" Mein Mitbruder, P. Cornelius Bohl, hat dieses Phänomen einmal in einem immer noch lesenswerten Beitrag beschrieben.[1]

Als eine Art innerer Protest gegen diese ständigen ideologischen Vereinnahmungen hat sich bei mir im Hinblick auf Franziskus vor allem das Bild des Mannes herausgebildet, der bar jeder ideologischen Verhärtung war. Denn meiner Meinung nach zeichnet Franziskus aus, dass er nie fertig war und immer wieder neu aufgebrochen ist. Er hat niemals ein „Verweile doch – du bist zu schön!" gesprochen, sondern ist lebenslang bis aufs Totenlager ein Pilger und Fremdling geblieben. Das ist für mich auch die Antwort im Hinblick auf die sogenannte franziskanische Frage, also wie sich Franziskus zu der Gemeinschaft, die sich um ihn herum bildete, und dem Orden in der Kirche stellte. Er wollte sicherlich keine religiöse Gemeinschaft gründen. Als es sich aber so fügte, hat er es als Gottes Willen angenommen und sich nach Kräften darum bemüht, den jungen Orden wohlwollend und mitunter auch kritisch zu begleiten. Das hat er gemacht, obwohl es ihn innerlich sicherlich viel gekostet und er bestimmt auch darunter erlitten hat.

Eine ganz neue Aktualität als Bild hat für mich gewonnen: Franziskus, der Baumeister. Es hat sich in meiner seelsorglichen Arbeit so gefügt, dass ich viele Baumaßnahmen bzw. Renovierungsarbeiten begleiten musste: eine Kapelle auf einem Andachtsberg eines Wallfahrtsortes, ein großstädtisches Gemeindezentrum, Jugendräume, den Schulhof einer Grundschule und aktuell die Einrichtung eines Kunstdepots. Wenn man bedenkt, dass ich bei meinem Ordenseinstritt bewusst eine Entscheidung getroffen hatte, die elterliche Tiefbaufirma nicht weiterführen zu wollen, entbehrt diese Entwicklung nicht einer gewissen Ironie. Gott verfügt möglicherweise über einen sehr speziellen Humor! Zur Berufungsgeschichte des Franziskus gehörte es nun, dass er am Beginn seines Berufungsweges in Eigenleistung konkret und handfest Kirchen renoviert hat. Heute sind von diesen Kirchen noch die kleine Kapelle S. Maria degli Angeli in der Ebene von Assisi und die Kirche S. Damiano bei Assisi erhalten. Für die Schreiber der Franziskuslegenden war klar, dass sich hier schon für den jungen Mann der Erneuerungsauftrag der römisch-katholischen Kirche seiner Zeit abzeichnete.

Zwei bedeutende Facetten franziskanischer Spiritualität scheinen hier auf: Die Praxis kommt immer vor der Reflexion. Bei den Pfadfindern gibt es das Prinzip des „learning by doing“. So könnte man das für Franziskus' Umgang mit dem Evangelium in der Kirche sicherlich auch zusammenfassen.

Das andere ist, dass Franziskus in der Kirche vor allem selber Hand angelegt hat, statt theoretische Reformprogramme aufzulegen. Sein erfahrungsgesättigtes Leben aus dem Evangelium verlieh ihm deshalb eine hohe Glaubwürdigkeit. Auf diesem Fundament hat er dann seine Zeitgenossen in Rundschreiben zum Aufbau der damaligen Kirche aufgefordert – durch eine Rückkehr zum Evangelium.

In meinem privaten Franziskus-Bilderbuch ist noch eine ganze Menge Platz für kommende Abbildungen und Darstellungen. Ich bin mir sicher, dass da in den kommenden Jahren noch einiges eingefügt werden wird; immerhin befinden wir uns an der Schwelle einer großen franziskanischen Jubiläumsperiode: Zu Weihnachten 2023 jährt sich die Krippenfeier von Greccio zum 800. Mal. Im kommenden Jahr erinnern wir uns an die Stigmatisierung des Franziskus, also an seine Zeichnung mit den Wundmalen Christi. Im Jahr 2025 wird der Niederschrift des Sonnengesangs gedacht. Den Höhepunkt findet diese Jubiläumsperiode mit der Feier des 800. Todestages des Heiligen aus Assisi ein Jahr später.

Ich bin ganz gespannt, welche neuen Bilder ich danach in das nächste Album werde einfügen können. ※

1 _ Cornelius Bohl OFM, „ ... weil jeder von uns einen Franz von Assisi in sich trägt.“ „Franziskus heute“ zwischen Gorleben, Twitter und Hartz IV, in: Franziskus – Licht aus Assisi, hg. von Christoph Stiegemann, Bernd Schmies, Heinz-Dieter Heimann (Ausst.-Kat. Erzbischöfliches Diözesanmuseum und Franziskanerkloster Paderborn), München 2011, S. 213-226.

Mein Kreuz mit Franziskus

Christoph Klingan

In meinem Kinderzimmer hingen über meinem Bett ein großes Plakat meines Fußballidols, des damaligen Torwarts des FC Bayern, und ein in meinen Kinderaugen buntes Kreuz. Auch heute hängt es noch über meinem Bett, zeitlos aktuell, anders als Fußballerplakate. Schon als Kind dachte ich mir: Irgendwie ein besonderes Kreuz, das mir da wohl zur Taufe oder sonst einem religiösen Anlass geschenkt worden war. „Besonders" deswegen, weil darauf nicht nur das Kreuz und Jesus zu sehen war, wie sonst überall, zum Beispiel in meiner Heimatpfarrkirche, sondern auch einige andere, mit ihm verbundene Menschen. Deswegen gefiel es mir auch besser als die anderen Kreuze, die ich so kannte. Erst viele Jahre später, als älterer Jugendlicher, habe ich den Hintergrund dieser Kreuzesdarstellung kennengelernt: Es ist das Kreuz von San Damiano. Und der Bezug zu Franz von Assisi, von dem ich zuvor eigentlich nur mittels Kinderbuch als großem Tierfreund gehört hatte, erschloss sich mir erst Schritt für Schritt. Dass dieses Kreuz nach der Dreigefährtenlegende das Andachtsobjekt von Franz war, vor dem er den großen Auftrag des Gekreuzigten erhalten hat, die Kirche wieder aufzubauen, habe ich dann später erfahren. Und als ich, ebenfalls im fortgeschrittenen Jugendalter, das erste Mal in Assisi war, wurde alles noch viel lebendiger.

Freilich musste ich in der weiteren, inneren Auseinandersetzung mit dem heiligen Franz auch erst lernen, dass seine gar nicht so bequeme und idyllische Botschaft von einem Leben in Armut und Buße weitaus radikaler war, als die mir bis dato bekannte Geschichte von einem Schöpfungsliebhaber, der mit Klara noch eine gute Freundin hatte. Diese sehr einfachen Vorstellungen wurde allerspätestens massiv durchkreuzt, als ich in einem Kirchengeschichtsseminar an der Universität tiefer in den zeitlichen Kontext und die Lebensgeschichte des Heiligen, soweit sie sich historisch tragfähig darstellen lässt, eingedrungen bin. Heute mit Abstand betrachtet muss ich sagen, dass mich Franziskus mehr und mehr aufgrund seiner Radikalität fasziniert hat, radikal in seiner Mission, nicht nur das eigene Leben, sondern die ganze Kirche nach dem Maßstab des Evangeliums zu erneuern, und das innerhalb ihrer Strukturen, jedenfalls in Rückbindung an Papst und Bischof. Eine Herausforderung ganz aktuell auch für unsere

Zeit – eine, die uns offenbar vom Herrn selbst zukommt. Franziskus kann uns dabei gewiss noch manche Inspiration geben. Der gegenwärtige Papst sieht das ebenfalls so, wie seine Namenswahl gezeigt hat.

Wenn ich heute auf mein kleines San Damiano-Kreuz daheim schaue, dann ist es mir noch wertvoller geworden, denn ich weiß, auch Franz hat auf diese Christusdarstellung geschaut – so ist es „mein Kreuz mit Franz". Und daneben hängt bei mir im Übrigen nicht mehr Jean-Marie Pfaff, der Torwart aus den 1980er-Jahren, sondern mein Namenspatron, der heilige Christophorus, ein Christusträger, wie es der Heilige aus Assisi auch sein wollte und schließlich geworden ist. Faszinierend bis heute. ※

Was Franziskus mir heute sagt – Mein „Bild“ des Heiligen von Assisi

P. Hans-Georg Löffler OFM

Als ich nach meinem Abitur 1982 in den Franziskanerorden eintrat, war die Figur des heiligen Franziskus schon in einer gewissen Weise wichtig, aber sie hatte mit der „ersten Liebe“ zu dieser Gemeinschaft nicht so viel zu tun. Es waren konkrete Mitbrüder, die mich beeindruckten und ermutigten, darüber nachzudenken, ob das Leben in dieser Gemeinschaft mein Leben werden könnte. Die Verschiedenartigkeit der Aufgabenfelder sprach mich an, in denen die Franziskaner tätig waren, vom Koch und Schuhmachermeister über Lehrer und Professoren hin zu den pastoralen Tätigkeiten als Krankenhaus- und Gefängnisseelsorger, in Bildungshäusern, Pfarreien und an Wallfahrtsorten. Der heilige Franziskus hat für mich auf dem nunmehr über 40-jährigen Weg im Franziskanerorden an Bedeutung gewonnen. Für mein Bild von ihm, mein Verständnis und damit auch meine Motivation, diesen Weg weiter zu gehen, sind zwei Worte immer wichtiger geworden, Worte, die nicht von Franziskus selbst stammen, die über ihn gesagt wurden, um ihn zu beschreiben, oder auszudrücken, was diesen faszinierenden Menschen und Christen ausgemacht hat.

Ein erstes: Bei dem englischen Franziskanologen Eric Doyle fand ich vor Jahren schon eine Definition von Heiligkeit, die mich sehr angesprochen hat. Er schreibt 1980 in seinem Buch *St Francis and the Song of Brotherhood and Sisterhood*[1]: „Was bei Franziskus an erster Stelle steht, ist seine Menschlichkeit, und diese erklärt sicherlich, warum er von vielen Menschen unterschiedlicher Hintergründe mehr als 750 Jahre nach seinem Tod so geliebt und verehrt wird. Ich fand es immer sehr tiefsinnig von Paul Gallico, sein Buch *Das kleine Wunder* dem hl. Franziskus zu widmen als ‚einem Menschen unter Heiligen‘. Franziskus gehört zu der kleinen Gruppe von heiligen Männern und Frauen, die durch ihre Heiligkeit immer menschlicher werden.“ Heiligkeit, verstanden nicht als eine Festlegung, Definition, sondern als ein Prozess, zu dem zu werden, was wir sein sollen, Menschen. Mich fasziniert dieser Gedanke: Heiligkeit nicht als etwas Abgehobenes, Weltfremdes zu sehen, sondern als eine sich aus der Quelle der Menschlichkeit, mit allen Begrenzungen und Schwächen bei allen Talenten und Begabungen, entwickelnde geistliche Größe, die nicht gemacht, verliehen oder sich angeeignet werden kann. Sie ist Geschenk, aber sie ist nicht unerreichbar, wenn ein Mensch den Mut hat, nicht „etwas“ werden oder sein zu wollen, sondern „selbst“! So wie Gott mich geschaffen und gewollt hat, kein Abklatsch, keine Kopie, kein Vasall. Auch die Eltern von Franziskus wollten ihren Sohn in eine bestimmte Richtung beeinflussen. Franziskus hat einen hohen Preis dafür gezahlt, sich ganz der Vorsehung Gottes zu überlassen, radikal arm zu leben, aber er hat eine große Freiheit gewonnen, eine Freiheit, die ihn so selbstbewusst machte, dass er den „Lenkern der Völker“ einen Brief schreiben konnte, in welchem er sie an ihre Verantwortung vor Gott erinnert. Aus dieser inneren und äußeren Freiheit hat er einen weiten Blick auch auf die Schöpfung gewonnen, einen Blick, der in allem Geschaffenen den Schöpfer erkannte und ihn mit diesem in Verbindung setzte. Deshalb ist sein Sonnengesang ein Hymnus auf den Schöpfer, der letztlich Vater und Mutter aller ist, was uns als Menschen untereinander und in Bezug zur Schöpfung zu Geschwistern macht. Erst aus dieser Beziehung erwächst unsere Verantwortung der Schöpfung gegenüber. Wer würde absichtlich seinem Bruder oder seiner Schwester Schaden zufügen wollen? „Ein Mensch unter Heiligen“!

Und ein zweites Wort, das mir in den letzten Jahren sehr wichtig geworden ist, gerade auch in unseren gesellschaftlichen und kirchlichen Diskussionen über Geschlechtergerechtigkeit, über Vielfalt von sexuellen Ausdrucks- und der Gestaltung von Lebensformen, deren Reichtum erst in den letzten Jahren in den Blick kommt – leider werden sie ja oft nicht als Bereicherung gesehen, sondern als Angriff auf klassische Formen von Ehe und Familie. Aber ich möchte die Hoffnung nicht aufgeben, dass auch in der katholischen Kirche Vielfalt einmal mehr Raum gewinnen wird, Raum, in dem sich Menschen beheimatet fühlen, weil sie Menschen sind, die miteinander Leben und Glauben teilen und sich mit ihren Talenten und Fähigkeiten einbringen wollen. In einem Spielfilm über Franziskus von Assisi sehe ich den Heiligen vor Papst Innozenz III. kauern. Es geht um die Ursprungsregel des heiligen Franziskus, eine kurze Ansammlung von Zitaten aus den Evangelien, die Franziskus als Grundlage für sich und seine Gemeinschaft zusammengeschrieben hatte. Diese Ursprungsregel ist nicht mehr erhalten. Auf die Frage des Papstes, was er mit seiner Lebensform eigentlich wolle, antwortet Franziskus, so wird es ihm in den Mund gelegt: „Ich möchte nicht urteilen!“ Wir wissen nicht, ob Franziskus jemals ein solches Wort gesprochen hat. Aber verschiedene Situationen, die von seinen Biografen berichtet werden, können darauf schließen lassen, dass mit diesem Wort eine wesentliche Haltung des Heiligen ausgedrückt wird. Er sucht den Dialog, als er den Sultan vor Damiette aufsucht, und es kommt zu einem Austausch zwischen zwei Religionsvertretern, die einander mit Respekt und Achtung begegnen. Er nimmt sich des Bruders an, der nachts vor Hunger aufschreit, und lässt alle anderen Brüder, die schon geschlafen haben, aufstehen, um mit ihm das wenige, was sie zu essen haben, zu teilen, damit er nicht beschämt ist. Auch zählt für mich eine Strophe des Sonnengesangs dazu: „Gelobt seist du, mein Herr, durch jene, die verzeihen um deiner Liebe willen und Krankheit ertragen und Drangsal. Selig jene, die solches ertragen in Frieden, denn von Dir, Höchster, werden sie gekrönt." „Ich möchte nicht urteilen!" Unsere Gesellschaft produziert schnell und oft unbarmherzig Urteile, Vorurteile, Intoleranz, Gehässigkeit, Unversöhnlichkeit und hinterlässt damit einen ganz anders bedrängenden und verstörenden Abdruck schlechter Luft, vergifteter Atmosphäre, in denen Misstrauen und Entsolidarisierung gedeihen können und eigenartige, nicht ungefährliche Blüten treiben. „Ich möchte nicht urteilen!" skizziert für mich ein Ziel, das ich nicht aus dem Blick verlieren möchte, selbst wenn ich ihm im Alltag nicht immer gerecht werde, ich möchte daran arbeiten, immer wieder das Gespräch suchen, Missverständnisse aus dem Weg räumen, Kritik ernstnehmen, Gutes unterstützen, das Miteinander fördern und einem Gegeneinander entgegentreten. Das ist nicht immer einfach, wird auch nicht immer verstanden, aber ich bin überzeugt, dass es ein guter und richtiger Ansatz ist, der das Leben und das Miteinander fördert, im Kleinen wie im Großen.

Diese Blitzlichter sind die persönlichen Gedanken zur Person und Bedeutung des heiligen Franziskus von einem Menschen, der versucht, sich und sein Leben, sein Verständnis von Priester-Sein und seinen Dienst an ihm auszurichten. ※

1 _ Hier zitiert nach der Neuauflage New York 1997, S. 37f.

„Franz is kaner“

Marc-Aeilko Aris

Einem leibhaftigen Franziskaner bin ich erstmals begegnet, als ich siebzehn war. Für eine Stadt wie Wiesbaden, in der ich aufgewachsen bin, ist das nicht ungewöhnlich. Zwar lebten dort Franziskaner seit 1921 in einer kleinen Gemeinschaft, aber im Stadtbild der säkularisierten Stadt traten sie in meiner Jugend nicht in Erscheinung. Also hatte ich bis zu jenem Tag, als ich am Pfarrhaus der Pfarrei St. Elisabeth im Wiesbadener Westend klingelte, noch keinen Franziskaner gesehen. Es öffnete tatsächlich ein freundlicher Mann in einer braunen Kutte samt Kapuze und der Kordel mit drei Knoten. Alles andere an ihm kam mir normal vor, die schlichte Brille (Kassengestell), das karierte Oberhemd unter dem Habit (C&A) und die schwarzen Halbschuhe (Salamander). Auffallend war seine gastfreundliche unvoreingenommene Bereitschaft, sich mir und meinem Anliegen zuzuwenden. Er war der Pfarrer der Pfarrei St. Elisabeth.

Im Lauf der folgenden anderthalb Jahre lernte ich ihn besser kennen. Ich lernte vor allem seine Gelassenheit und Ruhe schätzen, seinen verschmitzten Humor und seine Abneigung gegen alles Aufgeregte und Extreme. Ich hatte aber bald den Eindruck, als habe er das eher seiner badischen Herkunft als seinem Ordenspatron zu verdanken. Auch die vier anderen Franziskaner, mit denen er zusammen lebte, aß und betete, lernte ich kennen. Die waren ganz anders. Der eine von ihnen glich einer der geschnitzten Figuren, die Franziskaner darstellen sollten: Der immer hochrote Kopf schälte sich aus der gut gefüllten Kutte heraus. Ihn sah ich fast nie ohne Zigarre und immer und in jeder Regung träge – dennoch auch er zugewandt und auf seine Art unmittelbar. Stets freundlich und distanziert ein zweiter, den ich nie anders als im Hintergrund erlebt habe. Ein dritter war, obwohl er mir alt vorkam, jugendbewegt und charismatisch. Tatsächlich war er nur sechzehn Jahre älter als ich. Er wucherte mit dem Pfund seines Ordenspatrons und das mit Erfolg. Und schließlich der Professor. Der war anders. Er lehrte an der nahegelegenen Universität, gehörte zu einer anderen Provinz und wirkte eher wie ein Gast im Kloster, aber auch er zeigte sich als Franziskaner. Die kleine Kommunität im Wiesbadener Westend beeindruckte mich schon aufgrund dessen, dass sie zusammen waren.

Der Pfarrer sorgte dafür, dass ich noch mehr Franziskaner kennenlernte. Wir fuhren nach Fulda ins Provinzialat. Da lebten einfache Brüder, meistens als Handwerker ausgebildet, mit selbstbewussten und gelehrten Führungspersönlichkeiten zusammen. Während die einen bescheiden

Garten und Haus bestellten, bekleideten andere leitende Aufgaben im Orden und in der Kirche. Manche von ihnen habe ich später erlebt, wenn sie in ihrem Habit auftraten, ganz anders als jener Pater, der mir die Tür zum Pfarrhaus geöffnet hatte. Der trat eben nicht auf. Auf mich wirkte er bescheidener, sein Habit unauffälliger, sein Auftreten zugewandter. Einmal nahm er mich zu Benediktinern mit, damit ich auch diese Form klösterlichen Lebens kennenlernte. Die erhabene Liturgie, der wir eher als Zuschauer beiwohnten, war etwas ganz anders als die Gottesdienste, die ich bisher im Kreis der Franziskaner mitgefeiert hatte. Und die Mahlzeit in der viel größeren Gemeinschaft, zu der uns ein mürrischer Gastpater etwas von oben herab einlud, hinterließ den Eindruck, wir seien am Katzentisch abgespeist worden.

Damals standen mir die Franziskaner näher als Franziskus selbst. in ihrer Kommunität führten sie ein Leben, das mit dem Leben eines jungen Gymnasiasten in der Großstadt vermittelbar war. Franziskus dagegen wirkte fremd. Was ich über ihn las, ließ sich nicht in das bürgerliche Leben meiner Familie und der Stadt, in der ich lebte, übersetzen. Eine Zukunftsperspektive konnte ich aus seinem Leben nicht ableiten. Und alle franziskanischen Selbstinszenierungen (Tau-Kreuz und Birkenstocks) wirkten unzeitgemäß angesichts der (schul-)politischen Herausforderungen, in die ich verstrickt war und wurde: Rahmenrichtlinien statt Lehrplan, Gesellschaftslehre statt Geschichte, Kommunistische Schülergruppe statt Schüler Union. Da half mir Franziskus nicht, die Franziskaner halfen mir schon.

Irgendwann während dieser Zeit hat mir der Pater, der mir die Tür geöffnet hatte, schmunzelnd anvertraut, was in seiner badischen Heimat über die Franziskaner gesagt wurde: „Franz is kaner" – wie Franziskus ist keiner von denen, die seinem Orden angehören. Das klang und wirkte zunächst wie ein resignierender Offenbarungseid angesichts von Ideal und Wirklichkeit. Im Rückblick auf die kleine Gemeinschaft der Franziskaner in Wiesbaden ist mir klar, dass das ein Glücksfall ist, dass keiner wie Franz ist. Genau dadurch konnten sie als so unterschiedliche Männer eine gastfreundliche und offene Gemeinschaft bilden. Genau dadurch konnten die Franziskaner in Wiesbaden Menschen erreichen und Zugänge öffnen.

Die Franziskaner in St. Elisabeth gibt es nicht mehr. Die Kommunität wurde 1982 aufgelöst. Sie fehlen. ⁜

Meine 120 Stunden bei San Francesco

Christian Schmid

„Schmid, komm, wir fahren nach Umbrien, Keramik für das Kloster aussuchen!" Ja klar, was für eine schöne Geschäftsreise. „Und dann brauchen wir noch ein paar Fotos vom heiligen Franziskus!". Nie war ich intensiver in einer Sache unterwegs als auf dieser Reise. Ein kurzer Reisebericht:

MITTWOCH: Mit Verpätung angereist, bekomme ich am Flughafen Florenz um 23:49 Uhr einen Ordner mit allen Unterlagen zum Katalog und dem Zeitplan für die nächsten vier Tage mit auf den Rücksitz von Lidias Mini. Aha, komplett durchgetaktet. 2,5 Stunden später Ankunft in Anghiari. 3 Uhr: Schlafen.

DONNERSTAG: 7 Uhr Aufstehen – kurzes Frühstück – die Arbeit beginnt. Hier Sonnenblumen, da Assisi von Osten, von der Straße aus und auf dem Felde. Dann in Assisi – Start als Undercover-Fotograf, kaum hinterherkommend, hier zu filmen, dort das Foto vom Fresko nicht zu verpassen, gedeckt von meinen Geheimkollegen. Hier Vogelpredigt! ... Achtung Sarkophag! ... Achtung Aufpasser! ... Stigmatisierung ... Tod ... Herrin Armut ... original Habit ... Da, seine Handschrift! ... Klosterschwestern aus Asien ... Papst ... Entkleidung ... Museo del Tesoro ... Souvenirshop ... Mittagessen ... Olivenholzmanufaktur. Alles in wechselnden Licht- und Gedrängesituationen ... Oh ja, scusi!!! ... In den Kirchen von Assisi herrscht strenges Fotoverbot und erst als Frater Thomas mich mit einer offiziellen Fotografenweste ausstattet, ist zumindest die Heimlichtuerei vorbei.

Und weiter ... nach Santa Chiara zum Kreuz von San Damiano und der Garderobe der heiligen Klara selbst. Dann nach San Masseo, darauf bei 42° übers Feld zum Kloster San Damiano, übers Feld zurück und noch kurz zum Kirchlein Portiunkula. Ab nach Città di Castello, um beim Keramiker Giorgio das Geschirr fürs Kloster in der bayerischen Heimat auszuwählen. Wirklich schön. Nun aber schnell zurück nach Anghiari, Abendessen mit Don Alessandro. Als Abschluss noch einen Stadtrundgang. Bemerkenswert, dass sich die Italiener für ein 3.000-Einwohner-Städtchen solch ein stattliches Theater leisten. Bravo!

FREITAG: 7 Uhr Aufstehen – kurzes Frühstück – auf nach Prato ins Museo di Palazzo Pretorio, Schwerpunkt Stigmatisierung – weiter nach Pescia, um unseren Titelheiligen in der Kirche San Francesco zu treffen. Gleich nach dem Eingang begegnet uns auch noch Graham Faulkner, der Titelfranziskus aus dem Film *Brother Sun, Sister Moon,* auf einem ausgeblichenen Plakat. Kurz darauf Besprechung mit den Restauratoren. Dann

Mittag. 45°. Kein Restaurant weit und breit, kein Parkplatz weit und breit. Doch, hier! Und, Überraschung, auch noch ein kühles Arkadenrestaurant mit Wifi. Bestellen, einloggen und gemeinsames Digitalmeeting in bayerischen Angelegenheiten. Das beste Essen der Reise. Die Aussetzer der Internetverbindung lassen uns ein wenig Zeit fürs Genießen.

Weiter heim nach Anghiari, um auf Empfehlung des Don eine ortsansässige Leinenmanufaktur für die Tischwäsche zu besuchen. Abendessen. Daten sichern. Akkus laden. Schwimmen. Schlafen.

SAMSTAG: 4:45 Uhr Aufstehen – kein Frühstück – halb Sechs, Kampf um die besten Plätze zum Filmen des Sonnenaufgangs, der nach und nach die Via del Sole von Anghiari bis in die fernen Hügel nach Sansepolcro erleuchtet – welch Naturschauspiel. Aber jetzt weiter zum Kloster La Verna – Aufnahmen aus dem fahrenden Auto – auf der Strecke noch Michelangelos Geburtsort durchfahren. Ankunft im Pilgerparadies La Verna an den Originalschauplätzen von San Francescos Leben – Besser könnte man das nicht erfinden! Natur, Wälder, Grotten, Wasserfälle. Privatführung mit Bruder Francesco, Guardian des Heiligtums durch Klausurbereich, Bibliothek, Popupbuch, Museum, Pilgermanagement. Dann mit Frater David durch Stigmatisierungskapelle, Grottenzelle mit heiligem Schlafplatz zur großen hervorstehenden Felsplatte. Dann Mittagessen mit den Brüdern im Refektorium. Immens intensiver Einblick in das einfache Leben auf dem meistbesuchten Felsen der Toskana. Zurück nach Anghiari. Kurze Verschnaufpause, dann zum Castello di Montauto. Auf dem Weg die schönsten Landschaften eingefangen, Franziskus' Vergangenheit in Montauto dokumentiert. Abendessen in Anghiari. Freiluftkonzertbesuch. Daten sichern. Schlafen.

SONNTAG: Abreise mit Lidia nach Arezzo zum Bahnhof. Verzweifelte Suche nach den Schließfächern. Besuch zweier Kirchen und einer Privatsammlung auf der Jagd nach Ausstellungsstücken. Mittagessen. Zum Glück hat das Diözesanmuseum von Arezzo geschlossen. Aufbruch per Zug nach Florenz. Bestes Flugwetter zurück.

Meine Sehnsucht, zumindest die nächste Zeit, wie die Lerchen auf dem Felde, mit nichts außer ein paar Körnern und ein wenig Wasser zu leben, wuchs mit jedem Augenblick der Reise. Allerdings bin ich auch sehr dankbar für dieses heilige Erlebnis.

Zurück in der normalen Welt mit der Frage, was brauche ich eigentlich zum Leben? Geprägt durch die Eindrücke aus einer ambivalenten Welt zwischen Einfachheit und Pilgerwahnsinn erhoffe ich mir, ein wenig Ideal des Heiligen zu bewahren und in mein Leben und die nächsten Aufgabenstellungen (auch als Autor) für dieses Buch und einen Ort für Weltgestaltung mit zu nehmen. Danke, Christoph. Danke, Lidia. Tolle Reise. ※

Die Botschaft weitergeben – Als Minderbruder in Assisi

Br. Thomas Freidel OFMConv

Es ist eine Anekdote, die immer wieder gerne erzählt wird in der franziskanischen Ordensfamilie. Bereits 1219 wollte Franz von Assisi die ersten Brüder über die Alpen nach Deutschland senden, doch die Mission scheiterte an mangelnden Sprachkenntnissen. Man hatte den Brüdern den Rat gegeben, auf jede Frage, die man ihnen stellen wird, mit „ja" zu antworten. Ihr sonderbares Aussehen in den einfachen Kutten erinnerte die Deutschen an damals umherziehende Anhänger häretischer Bewegungen, und als sie unwissentlich die Frage bejahten, ob sie denn auch zu diesen gefährlichen Irrlehrern gehörten, wurden sie verspottet, übel misshandelt und vertrieben. Das Thema Deutschlandmission war für die Brüder aus Assisi vorerst vom Tisch.

Das konnte jedoch die Ausbreitung des Ordens nicht behindern, und als man 1221 einen neuen Versuch wagte, nördlich der Alpen Fuß zu fassen, war bereits der erste Deutsche in den Orden eingetreten – freilich mit dem Umweg über das Heilige Land, wo er den Gründer Franz von Assisi kennengelernt hatte. Der Name des Bruders war Cäsar von Speyer und er führte die zweite Expedition, diesmal besser vorbereitet und daher sicher, in die süddeutschen Bischofsstädte, wo dann auch die ersten Niederlassungen in Augsburg, Regensburg, Würzburg, Speyer usw. entstanden. Den Impuls zur Erneuerung der Kirche durch ein Leben nach dem Evangelium, die seelsorgliche Tätigkeit in den rasch wachsenden Städten durch das gelebte persönliche Zeugnis und eine glaubwürdige Verkündigung der Botschaft Jesu waren gleichsam das Erfolgsrezept für eine schnelle Ausbreitung des Ordens der Minderbrüder in ganz Mitteleuropa.

Es begann damit eine Geschichte mit Höhen und Tiefen, mit Niedergang und Neuaufbruch der franziskanischen Präsenz in Gebieten deutscher Sprache. Bemerkenswert ist dabei, dass am Ursprungsort in Assisi bereits früh eine internationale Brüdergemeinschaft nachweisbar ist, die am Grab des heiligen Franziskus lebt. Der erste deutschsprachige Bruder in Assisi ist im Jahr 1230 bezeugt, sein Name ist Julian von Speyer.

Es ist nun nicht in erster Linie diese Erfolgsgeschichte unserer Gemeinschaft gewesen, die mich selbst zur Entscheidung geführt hat, in den Orden einzutreten. Dass es gerade zwei aus meiner Heimat stammende Brüder waren, die in der Frühzeit des Ordens solch prägende Rollen spielten, ist mir erst viel später bewusst geworden. Aufgewachsen im ökumenisch geprägten Milieu einer Landgemeinde in der Vorderpfalz und im Schatten der Industriestadt Ludwigshafen, war es der persönliche Kontakt zu den Brüdern des hl. Franz im nahen Minoritenkloster Oggersheim, der in mir die Idee aufkommen ließ, mich der Bruderschaft anzuschließen.

Nach der ordensüblichen Ausbildung, der Weihe zum Diakon und den ersten seelsorglichen Erfahrungen in der Gemeindearbeit wechselte ich dann 2008 nach Assisi, um die Aufgabe meines Vorgängers P. Gerhard Ruf als Seelsorger für deutschsprachige Pilger zu übernehmen. Assisi, die Basilika San Francesco und die Klostergemeinschaft im angrenzenden Klosterkomplex, dem Sacro Convento, waren mir durch frühere Aushilfstätigkeiten nicht fremd. Erleichtert wurde mir der Neubeginn durch eine gewisse Vorprägung auf dem Gebiet von Geschichte, Kunst und Kultur durch das Engagement meines Vaters als Journalist, Heimatforscher und Gründer der Museen im Schloss meiner Heimatgemeinde Fußgönheim. Dass ich selbst dann später in Assisi zum Leiter des Museums der Basilika San Francesco berufen wurde, mag er vom Himmel aus belächeln.

Neben den vielfältigen seelsorglichen Aufgaben der Gemeinschaft von uns Franziskaner-Minoriten in Assisi, die etwa 60 Brüder aus mindestens 20 verschiedenen Nationen zählt, spielen die Führungen der Besuchergruppen durch die Basilika San Francesco eine wichtige Rolle. Einzigartig ist ihre Ausmalung mit etwa 12.000 Quadratmetern mittelalterlicher Fresken der berühmtesten Werkstätten ihrer Zeit, angefangen vom sogenannten Franziskusmeister um 1250 bis zu den Sieneser Malern Simone Martini und Pietro Lorenzetti im ersten Viertel des 14. Jahrhunderts. Faszinierend ist das theologische Gesamtkonzept besonders in der Oberkirche, wo biblische Theologie, mittelalterliche Philosophie und franziskanische Spiritualität ineinander fließen und wo sich die ersten Spuren der Malerei des prägenden Meisters Giotto di Bondone und seiner Werkstatt finden. Die Unterkirche ist der eigentliche, ursprüngliche Grabesort des Heiligen: Unter dem Hauptaltar ruht bis heute sein Leichnam. An seinem Grab wird die Botschaft der christlichen Hoffnung über den Tod hinaus verkündet und in Architektur und Malerei sichtbar gemacht. Franziskus als Beispiel für ein Leben nach dem Evangelium ist Wegweiser und Begleiter für alle, die Christus nachfolgen und an deren Lebensende im der Hinübergang in neues und ewiges Leben steht.

Das berühmte Fresko der Vogelpredigt bildet gleichsam eine Zusammenfassung dessen, was wir heute franziskanische Spiritualität nennen. Franziskus mit dem Evangelienbuch in der Hand wendet sich der Schöpfung zu und verkündet aller Kreatur die frohe Botschaft. Begleitet von einem betenden Bruder erfüllt der Verkünder den Auftrag Jesu an die Apostel, das Evangelium in die Welt zu bringen. In der Zuwendung zu allen Geschöpfen sieht Franziskus eine Hinwendung zum Schöpfer selbst, über die sichtbaren Dinge findet er die Spur zu Gott, dem Geheimnis, das hinter allem steht.

Für uns Brüder ist es eine Herausforderung, die wir dankbar annehmen, den Menschen verschiedenster Altersgruppen, Mentalitäten und Herkunftsländern die christlich-franziskanischen Impulse zu vermitteln und so vielleicht einen kleinen Betrag zu leisten, dass Frieden und Gerechtigkeit, die Ehrfurcht vor der Schöpfung und der Blick auf Gott im Bewusstsein bleiben.

So schließt sich auch in gewisser Weise für mich ein Kreis, nachdem einige der ersten Brüder des Ordens sich in meiner Pfälzer Heimat niedergelassen haben und ich nun umgekehrt hier an unserem Ursprungsort den Dienst tun darf, um „aller Kreatur" die Botschaft weiterzugeben, die Franz von Assisi in so beispielhafter Weise gelebt und bezeugt hat. ※

SONNENGESANG
des hl. Franziskus

Höchster, allmächtiger, guter Herr,
dein sind das Lob, die Herrlichkeit und Ehre und jeglicher Segen.
Dir allein, Höchster, gebühren sie,
und kein Mensch ist würdig, dich zu nennen.

Gelobt seist du, mein Herr,
mit allen deinen Geschöpfen,
zumal dem Herrn Bruder Sonne,
welcher der Tag ist und durch den du uns leuchtest.
Und schön ist er und strahlend mit großem Glanz:
Von dir, Höchster, ein Sinnbild.

Gelobt seist du, mein Herr,
durch Schwester Mond und die Sterne;
am Himmel hast du sie gebildet,
klar und kostbar und schön.

Gelobt seist du, mein Herr,
durch Bruder Wind und durch Luft und Wolken
und heiteres und jegliches Wetter,
durch das du deinen Geschöpfen Unterhalt gibst.

Gelobt seist du, mein Herr,
durch Schwester Wasser,
gar nützlich ist es und demütig und kostbar und keusch.

Gelobt seist du, mein Herr,
durch Bruder Feuer,
durch das du die Nacht erleuchtest;
und schön ist es und fröhlich und kraftvoll und stark.

Gelobt seist du, mein Herr,
durch unsere Schwester, Mutter Erde,
die uns erhält und lenkt
und vielfältige Früchte hervorbringt
und bunte Blumen und Kräuter.

Gelobt seist du, mein Herr,
durch jene, die verzeihen um deiner Liebe willen
und Krankheit ertragen und Drangsal.
Selig jene, die solches ertragen in Frieden,
denn von dir, Höchster, werden sie gekrönt.

Gelobt seist du, mein Herr,
durch unsere Schwester, den leiblichen Tod;
ihm kann kein Mensch lebend entrinnen.
Wehe jenen, die in tödlicher Sünde sterben.
Selig jene, die er findet in deinem heiligsten Willen,
denn der zweite Tod wird ihnen kein Leid antun.

Lobt und preist meinen Herrn
und dankt ihm und dient ihm mit großer Demut.

Und danach
hielt ich eine Weile inne
und verließ die Welt.

Hl. Franziskus, Testament

San Francesco del Deserto

Lidia Carrion

„Lasa che 'i siori fasa la sua paràda, noàltre sì che semo andàde a pregàr dasén".[1] So sagte meine Mutter in ihrem breiten venezianischen Dialekt vor dem Eingang der Frari-Kirche auf dem Campo San Polo in Venedig, wo wir wohnten, während wir den Bewohnern des Sestiere[2] dabei zusahen, wie sie zur *mesa granda* gingen, dem 11-Uhr-Sonntagsgottesdienst, der den elegant gekleideten Reichen vorbehalten war.

Wir hatten bereits die Messe um 7 Uhr morgens auf der Insel San Francesco del Deserto besucht, wo jeden Sonntag die Liturgie in jener Kirche gefeiert wurde, die der hl. Antonius von Padua laut der Tradition im Jahr 1228, dem Jahr der Heiligsprechung des Franziskus von Assisi, zu dessen Ehren hat errichten lassen. Meine Mutter und ich konnten dank eines Familienfreundes an der Messe teilnehmen, der frühmorgens mit seinem Boot zum Fischen zu den Barene[3] hinausfuhr. Die Überfahrt dauerte etwa eine Stunde und war für mich ein Fest: Wir legten um 6 Uhr morgens ab und fuhren die Lagune hinauf nach Norden; wir passierten die noch schlafende Insel Sant'Erasmo, während die Sonne wie eine reife Orange ihre stillen Gärten gelb färbte. Und in meiner kindlichen Fantasie stellte ich mir vor, wie ich zur Isola delle due Vigne[4] gelangte und der hl. Franziskus selbst meine Hand hielt, damit ich nicht ins Wasser fiele.

Frühjahr 1220: Ein aus Ägypten kommendes venezianisches Schiff durchquerte die Lagune und legte in Torcello an, dem Ort, an dem Venedig wahrscheinlich seinen Ursprung nahm. Zu dieser Zeit war die Insel stark bevölkert und voller Leben. Von ihrer damaligen Bedeutung für den Mittelmeerraum wissen wir unter anderem durch den byzantinischen Kaiser und bedeutenden Historiker Konstantin VII. Porphyrogennetos (913-959). In seinem Werk *De Administrando Imperio* bezeichnet er Torcello als *emporion mega*: einen großen Hafen, ein Handelszentrum und einen Ort des Austauschs zwischen Orient und Okzident. An Bord eines dieser Schiffe befand sich im Jahr 1220 auch Franziskus von Assisi, begleitet von seinem Mitbruder Illuminato da Rieti. Franziskus, der Gründer einer neuen religiösen Bewegung, der sich der Armut verschrieben hatte und ein Leben im Einklang mit der Schöpfung als wahren Weg zur Heiligkeit ansah, hatte die grünen Hügel Umbriens im Jahr zuvor verlassen, um im Gefolge des fünften Kreuzzugs ins Heilige Land aufzubrechen. Seine Absicht war es jedoch nicht, im Namen des Glaubens zu kämpfen, sondern eine

Friedensmission zu erfüllen. Franziskus hoffte auf eine friedliche Verständigung zwischen Christentum und Islam. In Ägypten angekommen, wurde er von den Sarazenen gefangen genommen und vor den Sultan Al-Malik al-Kamil (1218-1238) geführt. Dieser bekehrte sich zwar nicht zum Christentum, ließ ihn jedoch, beeindruckt von seiner leidenschaftlichen Spiritualität, unverletzt in das Lager der Christen geleiten.

Die Friedensmission brachte nicht den erwünschten Erfolg, und während Franziskus sich im Nahen Osten aufhielt, kamen in der von ihm gegründeten Gemeinschaft neue Strömungen auf, die von seiner ursprünglichen Idee eines einfachen Lebens im Geist des Evangeliums abwichen. Der um sein Lebenswerk fürchtende Franziskus entschloss sich zur Rückkehr. Krank und müde, verspürte er das Bedürfnis, sich zu Gebet und Stille zurückzuziehen und seinen inneren Frieden zu finden, bevor er nach Assisi zurückkehrte.

Und in jenem entscheidenden Moment landete der Heilige auf einer kleinen Insel in der Lagune nahe Torcello, die ihm ein venezianischer Adliger zur Verfügung gestellt hatte. Die Insel war einsam, jedoch von Scharen von Vögeln, Reihern, Kormoranen, Enten, Möwen und Schwalben, buchstäblich belagert, aber ihr ohrenbetäubender Lärm hörte nach der Überlieferung unverzüglich auf, als Franziskus zu beten begann. Fünf Jahre später, kurz vor seiner Begegnung mit dem Tod, vielleicht auch inspiriert durch seinen kurzen Aufenthalt auf der Insel in der Lagune von Venedig, verfasste Franziskus seinen bewegenden Lobgesang auf den Schöpfer, den Sonnengesang.

O beata solitudo, o sola beatitudo (Oh selige Einsamkeit, oh einsame Seligkeit) lautet die Inschrift, die diejenigen willkommen heißt, die heute mit dem Boot der Brüder vom Ufer von Burano zur Insel San Francesco del Deserto übersetzen und dabei in etwa fünfzehn Minuten diesen Lagunenabschnitt durchqueren. Er trennt Burano, die Insel der Spitzenklöppelkunst und des Massentourismus, von einem grünen Paradies, das einer anderen Welt anzugehören scheint.

Es gibt Orte, an denen es möglich ist, die eigene Selbstbezogenheit zu überwinden, die einem vorgaukelt, im Mittelpunkt von Allem und mit Anderen in Beziehung zu stehen, obwohl man von sich selbst entfremdet ist. Orte, an denen man nicht entflieht, sondern sich stellt, an denen man nicht

ausweicht, sondern sich selbst begegnet. Orte, an denen die Zeit still zu stehen scheint und sich auskosten lässt: All das ist San Francesco del Deserto.

Die Insel wurde 1233, kurz nach der Heiligsprechung von Franziskus (1228), offiziell von Jacopo Michiel dem Franziskanerorden geschenkt, und die Franziskaner haben dort acht Jahrhunderte lang gelebt, abgesehen von einigen kurzen Unterbrechungen: im 15. Jahrhundert wegen der Malaria und Anfang des 19. Jahrhunderts, als erst napoleonische und dann österreichische Truppen die Insel einnahmen und das Kloster in ein Magazin und eine Pulverkammer verwandelten.

Inzwischen leben nur noch einige Brüder und eine „treue" Hündin namens Tosca auf der Insel, die mit ihnen die Pflege des Gartens sowie Momente des Gebetes teilt. Auf der Insel San Francesco del Deserto klingen die Worte der Genesis nach: „Gott, der Herr, nahm also den Menschen und setzte ihn in den Garten von Eden, damit er ihn bebaue und hüte." ※

1 _ „Sollen die Herrschaften ihre Parade abhalten, wir sind wirklich zum Beten gegangen."

2 _ Stadtviertel.

3 _ Die Salzmarschen sind ein charakteristisches Ökosystem der Lagune von Venedig mit einzigartigen Merkmalen. Es handelt sich um flache, niedrige Flächen, in denen der Wasserzufluss durch die Gezeiten reguliert wird, die auf natürliche Weise enge, gewundene Kanäle bilden. Die Salzwiesen von Venedig sind ein kleines Stück Paradies, das ebenso schön wie zerbrechlich ist und in dem eine große Vielfalt an Tier- und Pflanzenarten beheimatet ist. Die Pflanzen, die dort wachsen, sind etwas ganz Besonderes. Sie haben sich an den Salzgehalt der Umgebung angepasst und besitzen auch eine reinigende Wirkung für das Wasser.

4 _ So hieß die Insel San Francesco del Deserto, bevor der Heilige sich dort aufhielt.

„Hier betete der Heilige;
sieh hier die Abdrücke, wo er sich niederkniete.
Sonst nichts; doch wenn dein Wunsch dich treibt,
seine Habseligkeiten am Monte Aguto zu verehren,
so kannst du dort seine Kutte sehen.“ Und lange schwieg er.
Und ich: „Kapuze und Kutte habe ich gesehen,
erloschen waren sie, ohne jede Wirkung,
vom Feuer angegriffen, welches die Burg zerstörte.
Und dort sah ich, und das schien mir kein Spiel,
in der Nacht unzähl'ge Lichter leuchten,
ohne dass je ein Mensch den Ort betrat.
Dies versetzte die Herren jener Burg
in große Sorge, weil nach dem Brauch der Tod –
wenn diese Lichter leuchten – einem der ihren droht.“

Fazio degli Uberti, Il Dittamondo, III, IX, 97-103

Der Heilige und der Edelmann – Die Franziskus-Reliquie der Familie Montauto in Anghiari

Alberica Barbolani di Montauto

Der „Monte Aguto", den der Dichter Fazio degli Uberti (um 1309 – um 1367) hier in seiner poetischen Reisebeschreibung Italiens erwähnt, ist eine Burg, die noch heute in abgelegener Position im Gebiet von Anghiari auf dem höchsten Gipfel der Monti Rognosi thront, ein Höhenzug, der sich durch eine raue und schwer zugängliche Landschaft auszeichnet.

In dieser Gegend siedelte sich die heute als Barbolani di Montauto bekannte Familie an, die wahrscheinlich langobardischen Ursprungs war.[1] Einer ihrer Nachkommen soll im Jahr 801 von Karl dem Großen zum Grafen von Anghiari ernannt worden sein.[2] Von großer Bedeutung für die Geschichte von Anghiari war das Testament von Bernardino di Sidonia Barbolani, der 1104 die Kamaldulenser als Erben all seiner Besitztümer einsetzte. Dazu gehörten insbesondere das Gebiet von Anghiari, das er 1082 von seinem Bruder Alberico erworben hatte, „mit all seinen Rechten, Gärten, Kirchen, Männern und Vasallen", sowie zahlreiche Lehen und Rechte, die über das gesamte Gebiet verteilt waren. Während sich die junge Gemeinde Anghiari unter dem Schutz der Kamaldulenser zum wichtigsten Zentrum des Tales Alta Valtiberina entwickelte, lebten die anderen Zweige der Familie Barbolani in ihren zahlreichen Besitztümern, von denen die Burg von Galbino der Hauptsitz ihres Herrschaftsbereichs war. Ende des 12. Jahrhunderts führte der wachsende Einfluss von Arezzo in den Gebieten des Valtiberina zu mehreren Angriffen der Aretiner auf die Burgen von Anghiari, Montorio und Galbino: Letztere wurde 1178 zerstört und niedergebrannt. Zu diesem Zeitpunkt beschloss die Familie, eine neue Burg in erhöhter und schwer zugänglicher Lage zu errichten, die aufgrund der Beschaffenheit des felsigen und steilen Berges, auf dessen Gipfel sie errichtet wurde, den Namen *Monte acuto* („spitzer Berg") oder Montauto erhielt. Sie besaß ursprünglich drei Verteidigungsmauern und einen mächtigen Donjon, der an die Bergwand angrenzte, sodass sie praktisch uneinnehmbar war. Die Burg von Montauto wurde bereits 1190 urkundlich erwähnt und sechs Jahre später mit zwei von Heinrich VI. ausgestellten Bullen zusammen mit ihrem Gebiet als kaiserliches Lehen anerkannt. Die Gerichtsbarkeit wurde noch immer nach langobardischem Recht ausgeübt, d. h. von allen Mitgliedern der Familie Barbolani, die sich seitdem „di Montauto" nannten, gemeinsam; praktisch wurde sie jedoch jeweils einem einzigen *Signore* übertragen.

Im dritten Jahrzehnt des 13. Jahrhunderts war der 1201 geborene Alberto di Guglielmino Graf von Montauto. In jungen Jahren hatte er Franziskus von Assisi kennengelernt, vermutlich in Arezzo oder im Casentino, und war von ihm so beeindruckt, dass er sein Freund wurde und später, vermutlich im Jahr 1221[3], „durch seine heiligen Hände"[4] in den Dritten Orden aufgenommen wurde. Außerdem war die Burg, die an einem der Wege von Assisi nach La Verna lag, eine Zwischenstation auf dieser Reise, die Franziskus mehrmals unternahm. Diese Freundschaft mit dem Heiligen und ihre Folgen sind bis heute in der Familientradition der Grafen von Montauto lebendig, wurden von Generation zu Generation mündlich und schriftlich überliefert, nahmen bisweilen legendenhafte Züge an, sind aber auch zum Teil durch historische Dokumente belegt.

Am 30. September 1224 verließ Franziskus von Assisi für immer den Heiligen Berg La Verna, auf dem er einige Tage zuvor eine außerordentliche mystische Erfahrung gemacht hatte: seine Begegnung mit dem Gekreuzigten zwischen den Flügeln eines Seraphs und der Empfang der Stigmata, die ihn zum lebendigen Abbild Christi machte. Leidend und sich des nahen Todes bewusst, machte er sich früh am Morgen auf den Weg, um auf dem Rücken eines Esels und in Begleitung von Bruder Leo nach Santa Maria degli Angeli bei Assisi zurückzukehren. Die frühesten franziskanischen Quellen geben keinen Aufschluss über dieses verstörende und noch nie dagewesene Ereignis, das anfangs geheimgehalten wurde und von einer Aura des Schweigens umgeben war.[5]

Am Abend traf Franziskus in Montauto ein, wo er von allen Bewohnern mit Freude und Anteilnahme empfangen wurde. Die Begegnung wurde jedoch von der Ankündigung überschattet, dass dies sein letzter Besuch sein würde: „Aus diesem Grund bat Alberto, der durch diese Ankündigung sehr betrübt war, den Heiligen um ein Andenken an ihn, als Erinnerung und Zeichen seiner Zuneigung ...".[6] Franziskus besaß jedoch nichts außer dem Gewand, das er am Leib trug und das er daher nicht hergeben konnte. So kam es, dass der Überlieferung zufolge die Frauen der Familie in der Nacht ein neues Gewand anfertigten, während der Heilige schlief. In den schriftlichen Quellen heißt es jedoch, dass Alberto einen Diener nach Sansepolcro schickte, um einen ähnlichen Stoff zu kaufen und einen Schneider zu finden. Wie dem auch sei, am nächsten Tag wurde Franziskus der neue Habit überreicht, und die Montauto erhielten dafür sein altes Gewand, das weitaus wertvoller war, weil es stummer Zeuge der Stigmata war.

Kutte und Kapuze wurden 278 Jahre lang als kostbare Reliquien in der Burg aufbewahrt, eingewickelt in ein goldfarbenes Seidentuch in einem eigens dafür errichteten Altar in der kleinen, noch heute existierenden

Burgkapelle aus dem 13. Jahrhundert, wo sich Franziskus oft zum Gebet zurückgezogen hatte. Die Kapelle mit dem Habit wurde in der Folge zu einem viel besuchten Pilgerziel, sodass der Bischof von Arezzo 1444 einen vierzigtägigen Ablass „in der Hauptkirche von Montauto an eben jenem Tag, an dem hier das Gewand des Seraphischen Vaters Franziskus gezeigt wurde, mit dem er auf dem Heiligen Berg La Verna vom Herrn die Allerheiligsten Stigmata empfangen hat ..."[7], gewährte.

Der hl. Franziskus hinterließ der Familie Barbolani aber auch andere, jedoch immaterielle Gaben: Er sagte dem Grafen Alberto voraus, dass er zwar eine reiche Nachkommenschaft mit vielen Generationen haben würde, diese jedoch niemals reich und wohlhabend sein würden. Die bis heute fortwährende Existenz meiner Familie scheint beide Prophezeiungen zu bestätigen, denn auch „Frau Armut" hat uns bis auf wenige Ausnahmen durch die Jahrhunderte treu begleitet.

Außerdem sagte er voraus, dass in den Nächten vor dem Tode eines Familienmitglieds Lichter auf dem höchsten Punkt der Burg erscheinen würden, damit sie die Sakramente empfangen und versöhnt mit der Kirche aus dieser Welt gehen können. Diese Geschichte wird in den oben erwähnten Versen des *Dittamondo* bereits in der Mitte des 14. Jahrhunderts als bekannte Tatsache geschildert, zusammen mit der Erinnerung an die Schenkung des Habits.[8]

Als Franziskus Montauto für immer verließ, verblieben im Gebiet von Anghiari noch weitere Zeugnisse seines Aufenthalts: Beim Abstieg von den naheliegenden Monti Rognosi ließ er direkt unterhalb der Burg eine kleine Quelle entspringen, deren Wasser eine heilende Wirkung für die Augen nachgesagt wird. Später wurde oberhalb der Quelle tief im Wald eine schlichte Kapelle errichtet, die im 18. Jahrhundert von Carlotta Barbolani und vor einigen Jahren erneut restauriert wurde. Sie ist jedes Jahr das Ziel einer kurzen Pilgerreise der Einwohner von Anghiari zum Fest des Portiunkula-Ablasses am 2. August.

Bei seiner Ankunft in Anghiari soll der Heilige ein Kreuz am oberen Ende des Grabens aufgestellt haben, der direkt nach Sansepolcro führte und über welchem Bischof Guido Tarlati im folgenden Jahrhundert die lange Verbindungsstraße zwischen den beiden Städten bauen ließ. Diese verbindet in idealer Weise die Kreuzkirche von Anghiari, die an der Stelle errichtet wurde, an der Franziskus Halt gemacht hatte, mit dem Kloster von Montecasale, wohin er am selben Abend gelangte. Dem von Franziskus so verehrten Kreuz ist in Anghiari nicht nur die Kirche geweiht, die hoch oben am Gipfel erbaut wurde, wo die Straßenführung überraschend ein *Tau* bildet, sondern auch das Patronatsfest am 3. Mai.

Nach der Unterwerfung von Arezzo durch die Republik Florenz im Jahr 1385 schloss Graf Lazzaro di Montauto einen Vertrag mit dieser Republik. Er erkannte ihre Souveränität an, sicherte jedoch sich selbst und seinen Nachfolgern volle juristische und administrative Autonomie. So erhielt er die florentinische Staatsbürgerschaft und die Erlaubnis, das Banner der Republik auf der Burg zu hissen. Doch 1502 begehrte Arezzo mithilfe päpstlicher Truppen unter der Führung von Cesare Borgia gegen Florenz auf. Franceschetto di Montauto, ein Hauptmann im Sold der florentinischen Republik, schloss sich dem Aufstand an und wurde des Verrates angeklagt. Als der Aufstand niedergeschlagen worden war, ließ die florentinische Magistratur die Herren von Montauto bestrafen und beauftragte den florentinischen Kommissar und General von Arezzo, Antonio Giacomini, die Burg zu erobern und zu zerstören und sich vor allem „den Habit des hl. Franziskus anzueignen, der sich an diesem Ort befindet".

Giacomini war sich der Schwierigkeit bewusst, die Burg der Barbolani mit Waffengewalt zu erobern, und beschloss daher, zu einer List zu greifen: An einem kalten Sonntag im Januar des Jahres 1503 erschien er mit etwa dreißig Soldaten und zwölf Pferden auf der Burg und gab vor, auf die Jagd zu gehen. Er bat jedoch darum, der Messe beiwohnen und den Habit des hl. Franziskus verehren zu dürfen. Sobald er eingelassen worden war, ließ er seine Männer die Türen öffnen, gab seine Identität preis, beschlagnahmte sofort die Reliquie und ließ sie Tag und Nacht von seinen Männern bewachen.[9]

Der Augenzeuge und Chronist Fra Mariano da Firenze berichtet, dass in den folgenden Tagen vier Minderbrüder aus Florenz ankamen, um die Kutte aus Montauto in die Stadt zu geleiten und sicherzustellen, dass sie nicht ausgetauscht würde. In einer mit einem Seidenmantel bedeckten Kiste wurde sie auf ein Pferd geladen. Die Überführung wurde entlang der ganzen Strecke mit großer Begeisterung begrüßt, da das Gewand als wundersame Reliquie angesehen wurde. In Florenz wurde der Habit mit einer feierlichen Prozession empfangen und erst in San Salvatore al Monte, dann seit 1571 in San Salvatore in Ognissanti aufbewahrt, wo er bis zum Jahr 2000 verblieb. Die Chronik, die zwischen 1578 und 1581 von einem anderen Florentiner Franziskanermönch verfasst wurde, berichtet auch, dass die Familie Montauto sehr fromme und eines solchen Geschenks würdige Menschen waren, dass aber vielleicht die Entfernung der Reliquie von der Burg Gott und dem hl. Franziskus missfallen habe. So hatte der Habit in ihrem Haus viele Wunder gewirkt, während in Florenz kein einziges gesehen worden war![10] Seit 2001 wird der Habit am Ort der Stigmatisierung im Reliquienschatz der Basilika von La Verna aufbewahrt.

In Anghiari wurde die Burg von Montauto, die 1503 von den Florentinern fast vollständig zerstört worden war, einige Jahrzehnte später wieder aufgebaut, ebenso wie eine neue und größere Kirche der Heiligen Petrus und Franziskus. Etwas weiter unten zum Tal hin an der Straße nach Anghiari wurde auch die befestigte Villa Barbolana erbaut. Federigo Barbolani di Montauto stiftete im 16. Jahrhundert oberhalb der Villa ein Kloster, das *Cenacolo*, nachdem der hl. Franziskus und der hl. Antonius seinem Vater im Traum erschienen waren und ihm den genauen Ort gezeigt hatten, an dem das Kloster erbaut werden sollte, das die Familie drei Jahrhunderte zuvor dem hl. Franziskus versprochen hatte.

Und genau hier, wo einige der zahlreichen Nachkommen des seligen Alberto ruhen, befindet sich heute wieder ein kleines Stück des Habits: Der Kanonikus Donato Velluti Zati erhielt es 1882 bei einer der seltenen Gelegenheiten, als der Reliquienschrein in Florenz geöffnet und die fast vergessene Reliquie einigen ausgewählten Personen vorgeführt wurde, zu denen auch er gehörte – als direkter Nachkomme des Grafen Alberto. So endet die Geschichte der Freundschaft zwischen dem Heiligen von Assisi und dem Mitglied einer mächtigen Familie von Waffenknechten: Das, was bleibt, ist die spirituelle Aura dieser Orte, die der Heilige vor achthundert Jahren aufsuchte und liebte und an denen seine Gegenwart noch immer spürbar ist. ※

1 _ Gabriella Orefice, Storia di Anghiari e del suo territorio, o.O. 2005, S. 4 (mit Literatur).

2 _ Ebd.; Giulia Goi und Rita Romanelli (Hg.), Inventario dell'Archivio Barbolani da Montauto: Onorificenze e privilegi, o.O. 1999/2000, S. 74ff. (mit Anmerkungen).

3 _ Goi und Romanelli (wie Anm. 2), S. 75.

4 _ Fra Mariano da Firenze, Dialogo del sacro Monte della Verna (1522), hrsg. von Ciro Cannarozzi, Pistoia 1933, hier zitiert nach Nicoletta Baldini, Il saio delle stimmate di San Francesco d'Assisi, Florenz 2010.

5 _ Chiara Frugoni, San Francesco e l'invenzione delle stimmate, Turin 1993.

6 _ Lodovico da Livorno, San Francesco d'Assisi e la contea di Montauto, Prato 1884, S. 29-30.

7 _ Archivio Barbolani di Montauto: Onorificenze e privilegi, 1, Fasz. 3, o.J., zitiert nach Baldini 2010 (wie Anm. 4), Dokumentarischer Anhang S. 133.

8 _ Lodovico da Livorno (wie Anm. 6), S. 38.

9 _ Fra Mariano da Firenze, Istoria, 1503, hier zitiert nach Baldini 2010 (wie Anm. 4), Dokumentarischer Anhang.

10 _ Dionisio Pulinari, Chronache dei frati minori della provincia toscana, o.O., o.J., hier zitiert nach Baldini 2010 (wie Anm. 4), S. 25.

Felice colui
che mi ha rivestito di un saio
che è diventato un pavimento di rose.
Non ho mai sentito
l'asperità di questo tessuto,
ma odorava di fresco,
odorava di mattino,
odorava di resurrezione.
Le mie spalle sono diventate deboli ma forti:
sono diventato un contadino di fede.
Aravo solo la terra di Dio, la sua volontà.

Alda Merini
Francesco, Canto di una Creatura

NON EST
IN TOTO SANCTIOR
ORBE MONS

Es gibt auf der ganzen Welt
keinen heiligeren Berg

Inschrift über dem
Eingangstor des Klosters La Verna

B
E
D
F
H
I
V

N
T
Q
O
P

Das Heiligtum von La Verna

Fr. Francesco Brasa OFM

Non est in toto sanctior orbe mons (Es gibt auf der ganzen Welt keinen heiligeren Berg). Diese klangvollen und gewiss übertriebenen Worte, in den Bogen des Eingangstors zum Heiligtum von La Verna eingemeißelt, begrüßen jeden Pilger, aber auch jeden Bruder, der im Gehorsam gerufen wird, über die Eingangsschwelle des Heiligen Berges zu schreiten. Diese Worte begrüßten auch mich bei meiner Ankunft als Novize vor 23 Jahren und sie hallten wider als Warnung und Versprechen zugleich, bei meiner Rückkehr vor sechs Jahren als Guardian dieser Gemeinschaft und Hüter dieses heiligen Ortes.

Sich als Pilger oder als Mitglied der Gemeinschaft nach La Verna zu begeben, bedeutet, sich auf eine herausfordernde Verheißung einzulassen und sich in die Fußstapfen des Franz von Assisi zu begeben, auf seinen persönlichsten und entschlossensten Weg.

Von der vielschichtigen Persönlichkeit des Heiligen von Assisi, die immer aktuell ist und auch außerhalb der katholischen Welt Sympathie und Interesse zu wecken vermag, werden allzu oft nur wenige äußerliche Aspekte wahrgenommen, wie seine Beziehung zur Schöpfung oder seine Fähigkeit zur brüderlichen und friedlichen Begegnung mit dem Nächsten; Elemente, die für die heutige Welt sicherlich sehr sprechend sind und auch zum Wesen seiner Persönlichkeit gehören, die aber als Früchte seines persönlichen spirituellen Weges verstanden werden müssen.

Der grundlegende Charakterzug der Berufung des Franziskus und seiner Lebensform, die er mit seinem Charisma vermittelt, ist der Wechsel zwischen einem kontemplativen Leben und der Verkündigung des Evangeliums. Dem Bischof von Assisi, der bei ihm zunächst den Wunsch nach einem geweihten Leben in klösterlicher Gemeinschaft vermutete und ihm deshalb vorschlug, eine der abendländischen monastischen Regeln zu übernehmen, antwortete Franziskus kühn: „Ich will nicht Augustinus, ich will nicht Bernhard, ich will nicht Benedikt!“ Er fühlte sich zu etwas ganz Neuem berufen, ein monastisches Leben im stetigen Wechsel von einem Leben in Gebet und Einsamkeit auf der einen und der Verkündigung des Evangeliums mitten unter den Menschen auf der anderen Seite. Es ist genau diese „neue Verrücktheit“, wie Franziskus sie selbst nennt, die mich vor vielen Jahren dazu brachte, mich für die franziskanische Lebensform anstatt der benediktinischen zu entscheiden. Und nach La Verna zu kommen, in dieser heiligen Einsiedelei zu leben, war und ist die Erfüllung einer Verheißung in meinem Leben.

Die Freude am Wechsel zwischen einer Stille, die von der Suche nach dem Antlitz Gottes geprägt ist, und der Aufnahme des Nächsten, dem ich die Früchte und den Sinn dieser Erfahrung zurückgeben kann, geben meiner Berufung einen Sinn. In einer von Rastlosigkeit und Aktionismus geprägten Welt das Versprechen zu verkünden, dass es möglich ist, die Zeit anders zu leben, auf der Suche nach einem Gleichgewicht zwischen Zeiten der inneren Einkehr und Kontemplation und Zeiten reger Aktivität und Kreativität, das ist die große Prophezeiung, die von diesem Ort ausgeht. Unser Leben ist wie ein Herz: Um gut zu funktionieren, braucht es einen Moment, in dem sich bestimmte Klappen schließen, damit es sich mit sauerstoffreichem Blut füllen kann, aber dann gibt es diesen entscheidenden Moment der Öffnung, mit dem dieses Blut alle Teile des Körpers mit Leben erfüllen kann. Diesem Wechselspiel sollte auch das Leben eines jeden Menschen folgen, um pathologische Herzrhythmusstörungen zu vermeiden: ein ständiger Wechsel zwischen Schweigen und Sprechen, zwischen Einsamkeit und Begegnung, zwischen dem persönlichen Schürfen und Graben nach Sinn und dem Teilen und Weitergeben dieser Erfahrungen an die Wegbegleiter des Lebens.

Die sprechende Stille des heiligen Waldes von La Verna, die Geist und Seele befruchtende Abgeschiedenheit seiner Höhlen und Einsiedeleien bilden den Grund, in dem wir Schürfen und Graben und unsere Sinnsuche leben können, bewacht von einer Gemeinschaft von Brüdern, die – wie Franziskus es wollte, als Alternative zu einem völlig einsamen Leben als Einsiedler – zu einer fürsorglichen Mutter wird, in einer Obhut, die die Distanz respektiert, aber auch bereit ist für die liebende Zuwendung in Begegnung, Trost und Rat.

Franziskus hat an diesem Ort, noch bevor er Antworten auf sein Leben hatte, einen Raum gefunden, um seinen Fragen eine äußere Gestalt zu geben, sie anzuerkennen und im wahrsten Sinne zu „bewohnen". In einer Zeit wie der unseren, die uns glauben macht, dass jede Frage mit der Geschwindigkeit einer Internetsuchmaschine beantwortet werden müsste, verkündet La Verna die unumgängliche anthropologische Wahrheit, dass bestimmte Fragen Zeit und Raum brauchen. Franziskus hat in der letzten Fastenzeit, die er 1224 auf diesem Berg verbrachte, in einer Zeit großer menschlicher und geistlicher Krisen, sein ganzes Gebet in einer doppelten Frage zusammengefasst, die er Tag und Nacht beharrlich wiederholte: „Wer bist Du, Höchster, mein Gott, und wer bin ich?". Franziskus lässt sich Zeit, diese Sinnfrage zu „bewohnen", ja er akzeptiert, selbst als Individuum eine Frage, eine Unvollständigkeit, eine Suche zu sein. Und genau in diesem Zustand, in dieser ausgedehnten Zeit der Suche, erlebt er den Höhepunkt seiner geistlichen Erfahrung, die endgültige Antwort, die er suchte: die Begegnung mit dem auferstandenen Gekreuzigten, die an ihm selbst die Stigmata sichtbar machen wird.

In diesen Jahren meiner spirituellen Suche in La Verna bin ich immer mehr zu der Überzeugung gelangt, dass die Essenz dessen, was Franziskus hier erfahren hat und was folglich auch uns versprochen und verheißen ist, eher im österlichen Licht des Abendmahlssaals als auf dem Kalvarienberg zu suchen ist. Vor allem die Erfahrung des Auferstandenen, die der Apostel Thomas nach der johanneischen Erzählung gemacht hat, scheint mir den erhellende Interpretationsschlüssel dafür zu bieten.

Thomas zeigt uns das unausweichliche menschliche Bedürfnis nach einer persönlichen Begegnung mit dem Auferstandenen, er muss die Gegenwart dessen, der den Tod besiegt hat, berühren und erfahren können; er kann seine Jesusbegegnung nicht beschränken auf das Hörensagen. Auf dieselbe Weise hat Franziskus sein ganzes Leben lang versucht, dem Evangelium Gestalt zu geben, es konkret zu leben, die Bedeutungen der Schrift ganz leibhaftig auf- und anzufassen und damit eine ganz eigene tiefe Erfahrung zu machen. Nur ein Jahr zuvor, 1223, wollte er in Greccio „mit den Augen des Leibes" die Armut sehen, die der Sohn Gottes in der Menschwerdung auf sich genommen hatte. Am La Verna steigt er auf dieselbe Weise und beseelt von der Dringlichkeit endgültiger Antworten, die ihm seine Krise auferlegt, in die Felsspalten wie dem Sasso Spicco hinab, um sich ideell und mitfühlend „in den Wunden des gekreuzigten Christus zu verbergen".

Thomas wird, wie Franziskus in der Nacht der Stigmata, diesen Wunden begegnen und in ihnen das Maß der persönlichen und erlösenden Liebe entdecken, das Christus für ihn hat. Das ist die Ostererfahrung: die Entdeckung und Erfahrung der Konkretheit dieser Liebe.

Als Antwort auf diese Erfahrung spricht Thomas das schönste Glaubensbekenntnis des Neuen Testaments aus: „Mein Herr und mein Gott". Auf dieselbe Weise hat Franziskus seine Erfahrung zum Ausdruck gebracht, indem er auf ein kleines Pergament das Lob des höchsten Gottes schrieb: eine Wiederholung von einunddreißig Mal „Du bist...", die mit einer Fülle von Adjektiven und Bildern die Erfahrung der Begegnung und der schließlich gefundenen Antwort in überschwänglicher Fülle wiedergeben.

Zum Schluss: Ich schreibe diesen Artikel in meiner Zelle, die mit Kisten vollgestopft ist, um mich auf eine baldige Versetzung vorzubereiten. Ich bin an dem Punkt angelangt, an dem die franziskanische Regel mich in ihrer Weisheit auffordert, den Dienst des Guardians aufzugeben und anderswo als einfacher Bruder neu zu beginnen. Die Verpflichtung, das Geschenk von La Verna für diese Veröffentlichung zusammenzufassen, das Bedürfnis, die Bedeutung des Aufenthalts an diesem Ort in Worte zu fassen, helfen mir, das wichtigste Gepäck vorzubereiten, wo immer der Gehorsam mich auch hinführen wird: ein Leben im gesunden Wechsel zwischen Stille und Wort, zwischen Einsamkeit und Begegnung zu bewahren, so wie auch die Früchte einer persönlichen Suche nach dem Angesicht Gottes und dem Sinn seines Osterns als Aufforderung zu einer nie endenden Suche zu begreifen; der Wunsch, dass das Erlebte jetzt wieder von neuem ein Geschenk für die Brüder werden kann, ein Hilfsmittel zur Evangelisierung, zum Teilen des Weges, der Fragen und, wenn Gott es will, zum gemeinsamen Entdecken der Antworten.

Es gibt keinen heiligeren Berg auf der Welt. Diese Worte, in Stein gemeißelt, sind heute vom Leben in mein Herz eingraviert. Aber dieser Berg, mühsam und notwendig zugleich, wird für diejenigen, die La Verna verlassen, und für diejenigen, die in der Welt leben, zu jenem kostbaren Raum, behütet in den Verwerfungen des täglichen Lebens; der einzige Ort, an dem wir unser Gleichgewicht finden, unsere Fragen annehmen und bewohnen können, wo wir uns den Antworten öffnen, den einzigen authentischen und endgültigen, die Christus uns persönlich ins Herz flüstern will. ※

TERMINUM POSUISTI QVEM
NON TRANSGREDIENTUR PSALM. 103.

·B·ACCVRSIVS THVSC EXCESSIVA VICTVS PIETATE
IFIRMV VOCATEM I 9VETV FLOREN ADIIT 7 VGINE DIMISIT
26

53

POTUS VEYAT: QUANTI NOBILES NON

ESCIUNT SED CARNES IGNORANT ET FUSO

Und ebenso sollen alle Brüder fasten
vom Fest Allerheiligen bis Weihnachten
und von Epiphanie, als unser Herr Jesus
Christus zu fasten begann, bis Ostern.
Zu anderen Zeiten aber sollen sie diesem
Leben gemäß nicht zum Fasten
verpflichtet sein, außer am Freitag.
Und es soll ihnen erlaubt sein,
von allen Speisen zu essen,
die ihnen vorgesetzt werden,
gemäß dem Evangelium.

Hl. Franziskus,
Nicht-bullierte Regel

CORPUSCULUM REQUIESCAT, QUAM ANIMA PAUSETUR

DE SCRIPTURIS
DICATUR • ORATIONI LECTIO
Ketchup

B R O T H E R S U N

A N D

S I S T E R M O O N

FRANCO ZEFFIRELLI

LINA WERTMULLER

English adaptation by Eugene Walter

Rome, 1968

Fratello sole

Caterina d'Amico

Oktober 1967. – Am New Yorker Off-Broadway wird das Musical *Hair* von James Rado und Gerome Ragni aufgeführt. Das Stück erzählt von der Revolution der Hippiebewegung und deren Hauptforderungen: Erstens die Auflehnung gegen die bürgerlichen Konventionen (mit der Zurschaustellung der titelgebenden langen Haare). Dann die Suche nach Frieden (mit der Ablehnung des Vietnamkrieges und der Aufforderung, die Wehrpflicht zu verweigern). Und schließlich die sexuelle Freiheit und die Loslösung von der Konsumgesellschaft (in der Schlussszene ziehen sich alle Schauspieler aus). Der Erfolg war überwältigend: Das Stück wurde bald am Broadway aufgeführt und in unzählige Hauptstädte auf der ganzen Welt exportiert.

Vor diesem Hintergrund spielt sich die Entstehungsgeschichte einer der bekanntesten zeitgenössischen Auseinandersetzungen mit der Gestalt des hl. Franziskus ab: der Film „Bruder Sonne, Schwester Mond" von Franco Zeffirelli (1972). Die erste, englischsprachige Fassung des Treatments (Drehbuchentwurfs) *Brother Sun, Sister Moon* von Franco Zeffirelli und Lina Wertmüller, die dann von Eugene Walter auf Englisch adaptiert wurde, ist schlicht auf das Jahr 1968 datiert. Mit Lina Wertmüller hatte Zeffirelli das Thema der 1968er-Kulturrevolution bereits in der von Wertmüller geschriebenen und im Dezember 1968 von Zeffirelli inszenierten Komödie *Due più due non fa più quattro* (Zwei und zwei ist nicht vier) aufgegriffen.

Das Vorwort zu dem Treatment lautet wie folgt:

„Dies ist der Drehbuchentwurf für einen sehr visuellen Film über junge Menschen für junge Menschen jeden Alters. Es ist die Geschichte eines manchmal wilden, manchmal poetischen jungen Mannes, der sich dank seiner jugendlichen Erfahrungen in die Welt verliebt, das Leben in Angriff nimmt, die Geheimnisse der Schöpfung einfängt und dadurch zu sich selbst findet und ... zu einem Heiligen wird! Dies ist eine Geschichte, wie man sie in keinem Geschichtsbuch findet. Sie zeigt, wie jugendlicher Wahnsinn im Laufe der Jahrhunderte beargwöhnt wurde, aus dem aber wahre Güte hervorgegangen ist ... wenn jemand den Mut hat, es zu versuchen."[1]

Der Film beginnt in einer Zeit außerhalb der Zeit, die sowohl heute als auch in zehn Jahren sein könnte. Er spielt auf der Londoner Straße Piccadilly (auch Babylon genannt), wo der junge Francis auf einer Art Geige spielt und vier junge Demonstranten (die Beatles) auf ein Dach klettern, um von dort herunterzuspringen: Sie sind bunt, blumig, fröhlich, singen, einer von ihnen spielt Gitarre. Auf die Menge, die versucht, sie davon abzubringen, und nach dem Grund für diese extreme Geste fragt, antwortet einer von ihnen: „Wir wollen zeigen, dass es keinen Ausweg gibt. Vielleicht gibt es eine Lösung, aber wir haben sie nicht gefunden. Wir wissen nur, dass die Dinge so, wie sie sind, nicht gut sind, [...] deshalb [...] sagen wir: Macht's gut, Freunde!“[2] Und sie springen herunter. Aber ihr Fall verlangsamt sich in der Luft und kommt beim Erscheinen des jungen Francis zum Stillstand, der auf seiner bizarren Geige spielt, die auf einer Wolke unter ihnen schwebt. Als sie zusammen mit Francis wieder auf der Erde sind, beginnt ihre Reise durch eine verzauberte Landschaft, eine wunderschöne Natur, eine Märchenburg, in einem Zeitsprung zwischen dem Mittelalter und der Gegenwart. Man sieht die aufkeimende Liebe zwischen Francis und Clare, das prächtige Fest von Francis' Vaters Pietro di Bernardone, den glanzvollen Aufbruch in den Krieg. Dann die Schrecken des Krieges, die Konzentrationslager und die Krematorien; die Flucht. Die Rückkehr nach Hause und zu Clare; das Verlassen des väterlichen Hauses und der Verzicht auf die Reichtümer; bis zur Begegnung mit dem Papst.

Der Film entfaltet sich auf psychedelische Weise, mit zahlreichen visuellen Überraschungen, musikalischen Interventionen und einer Vielzahl berühmter Persönlichkeiten aus allen Epochen. Im Mittelpunkt stehen die Ablehnung des Krieges und die Entscheidung für eine Existenz, die tief von Frieden, Liebe und Harmonie geprägt ist. Der Film ähnelt darin den Forderungen und der Sprache von *Hair*. Offensichtlich waren diese Themen in jenen Jahren für die neue Generation, die Protagonisten der als „Jugendprotest“ oder „globaler Protest“ bezeichneten Bewegung, die Ende 1967 an den amerikanischen Universitäten entstand und sich dann 1968 zunächst in Paris und dann in der gesamten westlichen Welt Bahn brach, von besonderer Bedeutung.

Im Februar 1969 wurde Zeffirelli Opfer eines folgenschweren Autounfalls. Er war zu einer langen Behandlung und Rekonvaleszenz gezwungen und musste alle seine Verpflichtungen und Arbeitsprojekte auf Eis legen. In seiner Autobiografie schildert Zeffirelli, wie er in dieser Zeit über sein eigenes Leben reflektieren konnte, das mit verblüffenden Zufällen gespickt war. Er erzählt weiterhin, wie er sich einer religiösen Dimension annäherte, die er in seiner Kindheit besessen, dann aber nach und nach aufgegeben hatte. Schließlich führt er aus, dass er während seiner Rekonvaleszenz auf die Idee kam, dem Leben des hl. Franziskus von Assisi einen Historienfilm zu widmen. Tatsächlich kehrte er nach seiner Genesung zu dem unterbrochenen Projekt zurück und nahm es aus einer historischen Perspektive wieder auf.

Was war in der Zwischenzeit in der Welt passiert? Die Jugendbewegung hatte sich ausgeweitet und wandte sich nicht nur gegen den Krieg, sondern gegen alle Formen des Imperialismus sowie gegen die herrschenden Wirtschaftssysteme, den Kapitalismus und den Sozialismus. Teilweise hatte sie sich auf die Wiederherstellung ideeller und spiritueller Instanzen zubewegt. Und diese Triebkräfte fanden ihren Ausdruck in anderen Stücken, die von jungen Menschen geschrieben und aufgeführt wurden. 1970 debütierte *Godspell* in Pittsburgh, ein aus einem Universitätsprojekt hervorgegangenes Musical, das das Leben Jesu zum Inhalt hat. 1971 wurde es bereits im East Village in Manhattan aufgeführt und kurz darauf in London (unter den Darstellern der junge Jeremy Irons!). Ebenfalls 1970 erschien ein Doppelalbum mit den Songs des Musicals *Jesus Christ Superstar* von Andrew Lloyd Webber und Tim Rice, das bald darauf erst live in Form von Konzerten und ab Oktober 1971 in szenischer Form auf den Bühnen der ganzen Welt aufgeführt wurde. Ebenfalls im Jahr 1970 lösten sich die Beatles auf. Vielleicht lieferten diese Ereignisse Zeffirelli weitere Elemente, um einen visuell weniger „modernen" Weg einzuschlagen, der die Gefahr in sich barg, einer bereits von anderen vorgezeichneten Richtung zu folgen.

Das neue Drehbuch, das Zeffirelli zusammen mit Suso Cecchi d'Amico und Lina Wertmüller verfasste, geht auf den November 1970 zurück. Auch wenn der Film eindeutig als „Kostümfilm" realisiert wurde, zeichnet er sich durch eine enge Verbindung zur zeitgenössischen Ästhetik und Sprache aus. So zog Zeffirelli für die Kostüme Danilo Donati hinzu, der Kleider schuf, die in Bezug auf Volumen und Form ihren mittelalterlichen Anstrich beibehielten, aber der märchenhaften Neuinterpretation weiten Spielraum ließen. Vor allem aber traf die Filmmusik den Zeitgeist, insbesondere durch den Beitrag des populären schottischen Musikers Donovan, der für seine Arbeit auch die mittelalterliche Musik des *Laudario di Cortona* aus dem 13. Jahrhundert verarbeitete.

Der Film kam im März 1972 ins Kino. ※

1 _ „This is the draft script of an intensely visual film about young people for young people of any age. It is the story of a young man sometimes wild, sometimes a poet who through all the experiences of youth falls in love with the world, attacks life, captures the secrets of Creation and through it finds himself and emerges a ... Saint! This is a story set apart from a page in the history book, which shows how youth madness has been distrusted down the centuries but from it have sprung the seeds of true goodness ... if anyone has the guts to try."

2 _ „We intend to demonstrate that there's no way out. There may be a solution but we haven't found it. All we know is that things are no good as they are ... so ... that's why we say 'so long, chums!'"

Bruder Sonne, Schwester Mond
wurde in Italien am Ostersonntag
vor vierzig Jahren veröffentlicht.
Er erhielt keine guten Kritiken,
aber er war der Film, den das
Publikum am meisten liebte.

Franco Zeffirelli 2013

Katalog zur Ausstellung
SAN FRANCESCO
DER HEILIGE AUS ASSISI

_I_

BRUDER SONNE, SCHWESTER MOND

Inszenierung eines Heiligen

01

Brother Sun, Sister Moon

Filmplakat der englischen Fassung, 1972
Szenenfoto von Paul Ronald
Offsetdruck auf Papier, 118 × 84 cm
Diözesanmuseum Freising

Produktionsland: Italien, Großbritannien (Koproduktion)
Dauer: 116 Minuten (Englische Fassung)
Originalsprache: Englisch
Regie: Franco Zeffirelli
Schnitt: Reginald Mills
Sujet: Suso Cecchi D'Amico, Lina Wertmüller, Franco Zeffirelli, Kenneth Ross (Englische Dialoge)
Drehbuch: Suso Cecchi D'Amico, Franco Zeffirelli, Lina Wertmüller
Produktion: Luciano Perugia für Euro International Films s.p.a. Roma und VIC Film (Productions) Ltd. London
Produktionsassistent: Dyson Lovell
Vertrieb: Paramount Pictures (durch Cinema International Corporation)
Kamera: Ennio Guarnieri
Musik: Donovan (Text und Musik), Ken Thorne (musikalisches Arrangement und musikalische Leitung)
Szenenbild: Lorenzo Mongiardino
Künstlerischer Leiter: Gianni Quaranta
Architekt: Giorgio Giovannini
Kostüme: Danilo Donati

„Es ist eine italienische Geschichte, die ich dem internationalen Publikum nahebringen möchte [...]. Im Ausland weiß man nichts darüber." Mit diesen Worten beginnt das Interview, das Franco Zeffirelli zu einem dreiminütigen Dokumentarfilm gab, der 1971 am Set von *Bruder Sonne, Schwester Mond* in Assisi gedreht wurde. Er begründet darin auch seine Entscheidung, auf Englisch zu filmen. Der toskanische Regisseur fügt dann noch hinzu: „Das Schönste und Anziehendste am hl. Franziskus ist seine alles überstrahlende Einfachheit. Eine Einfachheit, die ihm in jedem Augenblick der Menschheitsgeschichte Geltung verleiht. Ich kenne keine Figur in den letzten zweitausend Jahren, nach Christus natürlich, die eine dem hl. Franziskus auch nur annähernd ähnliche Ausstrahlungskraft, Mitteilsamkeit oder dessen außergewöhnliche Vertrautheit besitzt. Die Geschichte hat uns keine Figur vermacht, die strahlender und überzeugender ist als Franziskus von Assisi."

Zeffirelli's
story of the wild youth
who brought the world of pomp
and power to its knees.
PARAMOUNT PICTURES PRESENTS A FILM BY
Franco Zeffirelli
HIS FIRST FILM SINCE "ROMEO AND JULIET"
Brother Sun Sister Moon
STARRING GRAHAM FAULKNER / JUDI BOWKER
AND ALEC GUINNESS AS POPE INNOCENT III
WORDS AND MUSIC COMPOSED AND SUNG BY DONOVAN
ASSOCIATE PRODUCER DYSON LOVELL
ORIGINAL STORY AND SCREENPLAY BY SUSO CECCHI D'AMICO, KENNETH ROSS, LINA WERTMULLER AND FRANCO ZEFFIRELLI
PRODUCED BY LUCIANO PERUGIA
FOR EURO INTERNATIONAL FILMS AND VIC FILM (PRODUCTIONS) LTD
DIRECTED BY FRANCO ZEFFIRELLI
TECHNICOLOR® PANAVISION®
A PARAMOUNT PICTURE
DISTRIBUTED BY CINEMA INTERNATIONAL CORPORATION

Zeffirellis Vorhaben ist gelungen. Mit seinem Film hat er das Bild des Heiligen von Assisi dem internationalen Publikum anschaulich vermittelt. Ganze Generationen haben diesen Film gesehen. Er gewann den David di Donatello für die beste Regie (1972) und wurde in der Kategorie „bestes Szenenbild" für den Oscar (1974) nominiert.

Der Film steckt voller visueller Anspielungen auf die Geschichte der italienischen figurativen Kunst. Denn diese ist eben die reichhaltige kulturelle Grundlage für Zeffirellis Darstellungen. Hier sei an den Einfluss von Leonardo da Vinci erinnert: Der berühmte Kunsthistoriker Carlo Pedretti (1928-2018) bemerkte diesen Bezug sofort, sowohl auf dem skandalträchtigen Filmplakat von *Bruder Sonne, Schwester Mond*, mit dessen Einstellung die englische Fassung des Films endet, als auch auf einem gleichermaßen populären Standfoto mit dem bekleideten Franziskus, eine Aufnahme des berühmten Setfotografen Paul Ronald (1924-2015), die Franziskus in Rückenansicht wiedergibt, wie er sich mit ausgebreiteten Armen einer weiten Naturkulisse zuwendet – dem Piano Grande, einer Hochebene in den Sibyllinischen Bergen. Beide Bilder wurden für Vermarktungszwecke verwendet und fanden dadurch weite Verbreitung. Pedretti empfand sie als Zeffirellis „vitruvianischen Franziskus".

In beiden Fällen – sowohl auf dem Plakat als auch auf dem Standfoto – sieht man Franziskus in Rückenansicht mit erhobenen Armen vor der Hochebene: auf dem englischen Filmplakat nackt, mit nach oben gestreckten Armen und geschlossenen Beinen, eingerahmt von einer imposanten architektonischen Kulisse mit Rundbogen; in der berühmten Aufnahme von Paul Ronald nur mit seiner Kutte bekleidet, mit auf Brusthöhe ausgestreckten Armen und leicht gespreizten Beinen, allein vor der Natur und mit fliegenden Vögeln.

Die von Zeffirelli selbst zusammengetragenen bildlichen und literarischen Quellen zu Da Vinci scheinen seine Wertschätzung für Leonardos künstlerisches Schaffen zu bekräftigen. Die Zeffirelli-Bibliothek besitzt noch heute eine Sektion zu Da Vinci mit einigen Werken, die zur gleichen Zeit veröffentlicht wurden, als Zeffirelli an *Bruder Sonne, Schwester Mond* arbeitete. Es sind vor allem Zeichnungskonvolute, aber unter den Bänden stechen gleich zwei Kopien der berühmten Neuauflage von Jean Paul Richters *The notebooks of Leonardo da Vinci* (in der Dover-Ausgabe aus dem Jahr 1970) hervor. Der erste Band (Fondazione Zeffirelli, Bibliothek, coll. No. FL 709 RIC I) enthält Markierungen: kleine seitliche Striche mit Bleistift oder schwarzer Tinte. Eine Praxis, die der Regisseur – oder seine Mitarbeiter – verfolgten, um besonders relevante Passagen zu vermerken. Auch wenn dies nicht der passende Kontext für eine umfassende Untersuchung darüber ist, wie Zeffirelli Leonardo, einen Künstler, der ihm sehr am Herzen lag, betrachtet und gedeutet hat, so ist es doch erwähnenswert, dass in jenem Abschnitt, der in Richters Buch den *Prolegomena and General Introduction to the Book on Painting* gewidmet ist (§10, S. 13-14), ein Text aus dem sogenannten *Codex Atlanticus* mit Leonardos gesammelten Aufzeichnungen in der Biblioteca Ambrosiana in Mailand (f. 327v [119v-a]; ca. 1490) hervorgehoben ist, der auch eine Anmerkung zum körperlichen Reichtum enthält. Diese konnte in den Augen des Regisseurs gemäß einer franziskanischen Lesart ausgelegt werden:

„Ich weiß, dass Viele sagen werden, dieses Werk sei nutzlos. Und das tun diejenigen, von denen Demetrios sagte, dass er jenem Wind misstraue, der in ihren Mündern Worte zeugte, um dann unterhalb wieder herauszuwehen. Menschen, die nur nach Reichtum und leiblichen Genüssen streben und der Weisheit, der Nahrung und des wahrhaft sicheren Reichtums der Seele gänzlich beraubt sind. Denn wenn die Seele würdiger ist als der Körper, dann sind auch die Reichtümer der Seele würdiger als die körperlichen."[1]

Diese Spuren geben Aufschluss über Zeffirellis breitgefächerte künstlerische Kultur und untermauern sein Bestreben, eine umfassende Vision des hl. Franziskus als Archetyp einer neuen Weltsicht zu propagieren, welche sich in zwei prägnanten Aufnahmen mitteilt, die wiederum den Bildgehalt von Leonardos *vitruvianischem Menschen* heraufbeschwören. Zeffirelli gelingt es mit seinem außergewöhnlichen Können als Regisseur, die gesamte revolutionäre Tragweite der Botschaft des hl. Franziskus von Assisi filmisch umzusetzen, die – wie der Regisseur selbst in dem eingangs zitierten Interview erläutert – „dieser in jedem Augenblick der Menschheitsgeschichte Geltung verleiht". *MM*

1 _ „So che molti diranno questa essere opera inutile, e questi fieno quelli de' quali Deometro disse non faceva conto più del vento, il quale nella lor bocca causava le parole, che del vento ch'usciva dalle parte di sotto. Uomini i quali hanno solamente desiderio di ricchezze, corporal diletto e interamente privato di quello della sapienza, cibo e veramente sicura ricchezza de l'anima, perché quant'è più degna l'anima che 'l corpo, tanto più degni fien le ricchezze dell'anima che del corpo." Hier nach der Transkription von Augusto Marinoni, Il Codice Atlantico della Biblioteca Ambrosiana di Milano, 12 Bde., Florenz 1975-1980.

Er war ein außerordentlich redegewandter Mann mit fröhlichem Antlitz und gütigem Gesichtsausdruck, frei von Feigheit, ohne jede Überheblichkeit. Von nicht gerade großer Gestalt, eher klein als groß, hatte er einen nicht sonderlich großen, runden Kopf, ein etwas längliches und gedehntes Gesicht, eine ebene und niedrige Stirne, nicht sonderlich große, schwarze, unverdorbene Augen, dunkles Haar, gerade Augenbrauen, eine gleichmäßige, feine und gerade Nase, aufwärts gerichtete, aber kleine Ohren, flache Schläfen, eine gewinnende, feurige und scharfe Sprache, eine mächtige, liebliche, klare und wohlklingende Stimme, dichte, gleichmäßige und weiße Zähne, schmale und zarte Lippen, einen schwarzen, nicht vollen Bart, einen schlanken Hals, gerade Schultern, kurze Arme, zarte Hände, lange Finger, etwas vorstehende Nägel, dünne Beine, sehr kleine Füße, eine zarte Haut, war sehr mager, trug ein rauhes Gewand, gönnte sich nur sehr kurzen Schlaf, besaß eine überaus freigebige Hand.

Thomas von Celano, Erste Lebensbeschreibung des hl. Franziskus

_II_

WER IST FRANZISKUS?

Bilder eines Lebens

SANCTVS
FRACISCVS

02 Franziskus von Assisi

Margaritone d'Arezzo (dokumentiert 1262)
um 1260/75
Tempera auf Holz, 128 × 52,3 cm
Signiert unten: MARGARIT[VS] DE ARITIO [ME FECI]T
Arezzo, Museo Nazionale d'Arte Medievale e moderna,
Inv. Pinacoteca Comunale 1

Mit ernstem, aber gütigen Blick fixiert uns die monumentale Gestalt des heiligen Franziskus aus diesem Bild heraus. Ganz in der Art byzantinischer Ikonen ist der Heilige auf wenige erkennbare Merkmale reduziert: die braune Kutte, das Evangelienbuch, die im Redegestus erhobene rechte Hand und die Wundmale an Händen und Füßen. Wie in der orthodoxen Kunst ist der Heilige durch eine Namensbeischrift, „SANCTVS FRA[N] CISCVS", zweifelsfrei identifiziert, in typisch westlicher Manier hat sich jedoch der Künstler, Margaritone aus Arezzo, stolz am unteren Bildrand verewigt. Der im Jahr 1262 archivalisch belegte Aretiner Maler war der bedeutendste Künstler der Stadt in der zweiten Hälfte des 13. Jahrhunderts. Zusammen mit seiner Werkstatt schuf er eine ganze Reihe von Franziskusdarstellungen, von denen das vorliegende als der Prototyp gilt.

So reduziert die Bildikonografie auch ist, erfasst sie die wesentlichen Merkmale des zur Entstehungszeit erst von einem halben Jahrhundert verstorbenen Heiligen: sein Rückbezug auf das Evangelium (Buch), sein Armutsideal (Kutte), seine Predigttätigkeit (sprechender Handgestus) und seine Christusähnlichkeit (Stigmata). Allein schon die Komposition mit der monumentalisierten Einzelfigur, dem bannenden Blick und der Handhaltung mit dem Buchattribut dürfte Zeitgenossen an den bekannten Bildtypus des Christus Pantokrator erinnert haben, was die inhaltliche Aussage der Parallele zwischen Franziskus und Christus betont. Gleichzeitig scheint das Gesicht trotz aller Stilisierung die bekannte Beschreibung der äußeren Gestalt des Heiligen zu reflektieren: die schmale Nase, die dunklen Augen oder den schütteren Bart.

Das Tafelbild wird stilistisch in die reifere Phase des Werkes von Margaritone in den 1260er und 1270er Jahren datiert. Es entstand somit zu einer Zeit, als mit dem Erscheinen der *Legenda maior* des Bonaventura di Bagnoregio und dem damit verbundenen Verbot aller älteren Franziskus-Biografien das Lebensbild des Heiligen eine entscheidende Neuausrichtung bekam: Aus dem charismatischen Menschen wurde ein kirchenkonformer Superheld. Vielleicht erklärt diese Neuinterpretation des Heiligen auch, warum das Bild laut den Untersuchungsergebnissen einer Restaurierung im Jahr 1975 bereits unmittelbar nach seiner Fertigstellung erneut übermalt wurde. In der im Röntgenbild sichtbaren ersten Version war die Nase kürzer, die Augen mehr nach oben gerichtet und der Kopf unbedeckt. Das Gesicht des Heiligen dürfte so deutlich weniger hieratisch gewirkt haben. Bei einer weiteren, jüngeren Überarbeitung wurde schließlich die spitze Kapuze übermalt – vielleicht ein Reflex auf den Kampf um die Deutungshoheit innerhalb der verschiedenen Zweige des Franziskanerordens um die wahren Ideale des heiligen Franziskus, die auch an der „korrekten“ Form des Habits festgemacht wurden. Für den Reformorden der Kapuziner wurde die umstrittene Kapuze im 16. Jahrhundert schließlich sogar namensgebend.

Das Tafelbild kam aus dem 1872 aufgelösten Franziskanerkloster von Sargiano bei Arezzo ins Museum. Allerdings wurde dieses Kloster erst 1405 gegründet, und es gibt überzeugende Hinweise darauf, dass sich das Bild ursprünglich im Heiligtum von La Verna befand. Dies würde auch erklären, warum es eine solche durchschlagende Vorbildfunktion für die Franziskusdarstellung entwickeln konnte. *AIN*

03

Entkleidung des hl. Franziskus (?)

Florenz (?), 2. Viertel des 15. Jahrhunderts
Tempera auf Holz, 54 × 45 cm
Deutsche Franziskanerprovinz

In einem Innenraum kniet eine nackte Gestalt demütig vor sechs reich gekleideten Männern. Über der Vegetation, die das Bild nach vorne abschließt, liegt die abgelegte weiße Kleidung der Figur, davor ein knurrender weißer Hund. Der vorderste Mann scheint mit der knienden Person zu sprechen, aber auch seine Begleiter reagieren mit Gesten des Erstaunens.

Zu dem rätselhaften Bild, das sich seit dem 19. Jahrhundert als Geschenk des bayerischen Regierungspräsidenten Friedrich von Ziegler (1839-1897) im Münchner Franziskanerkloster befindet, gibt es zwei Deutungen, die jeweils grundlegende Momente der Bekehrung des jungen Franziskus enthalten. Nach einer Theorie handelt es sich um die Begegnung des mit seinen Freunden ausgelassen feiernden Kaufmannsohns mit der „Herrin Armut". Tatsächlich könnte die nackte Gestalt als weiblich zu lesen sein. Allerdings passt keine der in Viten und Legenden überlieferten Episoden auf die hier dargestellte Konstellation – Franziskus erfährt entweder inmitten seiner feiernden Freunde eine innere Vision von einer armen, aber schönen Frau, oder das Geschehen wird gleich auf die Symbolebene verlegt mit der Szene seiner Vermählung mit „Herrin Armut". Die andere vorgeschlagene Deutung ist die dramatische öffentlicher Entkleidung des Franziskus und Rückgabe seiner Kleidung an seinen Vater, im Beisein des Bischofs von Assisi. Genau diese Figur, die sonst immer – etwa im berühmten Fresko von Giotto in Assisi – den nackten Jüngling mit ihrem Mantel umhüllt, fehlt jedoch hier. Sollten die pfeilähnlichen Striche über der nackten Gestalt keine späteren Kratzer, sondern ursprünglicher Malbestand sein, wäre auch denkbar, dass die dargestellte Szene gar nichts mit Franziskus zu tun hat, sondern ein noch nicht identifiziertes Heiligenmartyrium oder eine Szene aus der profanen Literatur zeigt.

Stilistisch kann das Gemälde mit seiner etwas trockenen Malweise und den markanten Kleidungsdetails der florentinischen Malerei des mittleren 15. Jahrhunderts zugewiesen werden. Parallelen finden sich etwa bei Giovanni di Ser Giovanni, gen. Lo Scheggia (1406-1486), dem jüngeren Bruder des berühmten Masaccio. *AIN*

Ich frage, warum dir die ganze Welt nachläuft und scheinbar jedermann dich zu sehen, hören und dir zu gehorchen begehrt? Du bist kein Mann von schöner Gestalt, kein Mann der Wissenschaft, du bist kein Adeliger. Wie kommt es, dass gerade dir die ganze Welt nachläuft?

Bruder Massäus in den ‚Fioretti' des hl. Franziskus

S. F
CISC

04 —

Hl. Franziskus von Assisi mit sechs Szenen aus seiner Vita

Bonaventura Berlinghieri (Lucca, um 1210 – um 1287)
datiert 1235
Tempera und Vergoldung auf Holz, 160 × 123 cm
Signiert unten: „A.D. M.C.C.X.X.X.V. // Bonave[n]tura Berli[n]geri [me fecit]"
Pescia (Pistoia), Kirche S. Francesco

Die erste sicher datierte Darstellung des heiligen Franziskus entstand keine zehn Jahre nach seinem Tod, sieben Jahre nach seiner Heiligsprechung 1228. Der Luccheser Maler Berlinghieri hat sein Werk am unteren Rand stolz signiert und datiert und bezeugt so die unmittelbare Aktualität des Gemäldes. Der neue Heilige dominiert die Mittelachse der giebelförmigen Tafel. Der Maler hat Franziskus extrem hieratisiert: Die Farbpalette ist fast ganz auf gelb und schwarz reduziert, Gesicht und Hände sind mit harten Linien modelliert, die Figur ist stark gelängt und nur wenige Motive, wie die unterschiedliche Haltung der Hände, durchbrechen die forcierte Symmetrie. Zu der Auratisierung tragen auch der Goldgrund und die beiden begleitenden Engel neben den Schultern des Heiligen bei.

Deutlich weicher ist das Gesicht des Heiligen in den sechs kleinen narrativen Szenen gezeichnet, die die große Mittelfigur rahmen. Die Kombination von großer Heiligenikone und mehreren kleinen Erzählbildern ist bei den frühen Franziskusdarstellungen im 13. Jahrhundert der Standard. Interessant ist die Auswahl der Szenen in der Tafel von Pescia, denn gleich vier der sechs Bilder zeigen Wunder, die erst nach dem Tod des Heiligen zumeist an dessen Grab stattfanden und die, wie Thomas von Celano berichtet, auch bei seiner Heiligsprechung 1228 verlesen wurden – als Beweis und Begründung zugleich. Links unten wird ein kleines Mädchen mit verwachsenen Gliedern von seiner rot gekleideten Mutter am Altargrab des Franziskus niedergelegt und noch im gleichen Bild trägt sie ihr geheiltes Kind auf den Schultern davon. Rechts oben harrt eine

A. D. M.C.C. X.X.X.V.

Gruppe Kranker am Grab des Heiligen aus; ein gelähmter Junge erzählte später, ein geheimnisvoller junger Mönch habe ihn aufgefordert, aufzustehen und sich eine ihm angebotene Birne zu nehmen, worauf das Kind wieder laufen konnte. In der nächsten Szene erhält ein gelähmter Mann aus Narni im Traum die Aufforderung, in der wundertätigen Quelle der Stadt Heilung zu suchen, und in der untersten Szene werden mehrere Fälle von Dämonenaustreibung in einem Bild zusammengefasst.

Aus dem Leben des Heiligen selbst werden nur zwei Momente ausgewählt: links oben die Szene der Stigmatisierung, darunter die Vogelpredigt. Beide stehen für wesentliche Merkmale im Leben des Heiligen: Die Wundmale bei der Begegnung mit dem Seraph, der hier im Bild noch nicht mit dem Gekreuzigten gleichgesetzt ist, zeichnen Franziskus auch körperlich als neuen Christus aus. Die Vogelpredigt steht hier weniger für die Naturverbundenheit und die Schöpfungsliebe des Heiligen, die seit dem 19. Jahrhundert mit dieser Szene assoziiert werden, sondern für seine Verkündigung und seine Bekehrung der Menschen, deren verschiedene Stände hier durch die unterschiedlichen Vogelarten symbolisiert sind. Auffällig sind die bildlichen Parallelen, die Berlinghieri aus der festen Christusikonografie der Ikonenmalerei zog: Das Bildschema der Stigmata entspricht der Darstellung Christi am Ölberg, die Badeszene erinnert an die Fußwaschung der Jünger und die Szenen, in denen Franziskus von seinem Grabaltar aus mit den Menschen interagiert, verweisen auf die Darstellung der Apostelkommunion, bei der das biblische Abendmahl zum byzantinischen Kommunionsritus wird.

Die Art, wie der neue Heilige den Gläubigen in dieser Tafel vorgestellt wird, blieb über Jahrhunderte in Pescia präsent. Im 17. Jahrhundert erfuhr das Bild eine erneute Überhöhung: In der barockisierten Kirche wurde es in einen neuen Altar hinter das Leinwandbild einer Engelsgloriole des Malers Alessandro Bardelli (1583-1633) eingesetzt, in deren Zentrum ein gerahmter Ausschnitt den Blick auf die Franziskusfigur gestattete. Erst im 19. Jahrhundert wurde das vollständige Tafelbild hinter der barocken Inszenierung wiederentdeckt. *AIN*

SIGNORE,
CHE COSA VUOI
CHE IO FACCIA?

In diesem Zustand sprach zu ihm alsbald [...] das Bild des gekreuzigten Christus, wobei sich die Lippen auf dem Bilde bewegten. Er rief ihn beim Namen und sprach: Franziskus, geh hin und stell mein Haus wieder her, das, wie du siehst, ganz verfallen ist!

Thomas von Celano,
Zweite Lebensbeschreibung des hl. Franziskus

– III –

FRANZISKUS UND CHRISTUS

Baue meine Kirche wieder auf!

SILENTIVM

05

Christus triumphans

Margaritone d'Arezzo (dokumentiert 1262), zugeschrieben
Arezzo, um 1255
Tempera auf Holztafel, 185 × 124,3 cm
Monte dei Paschi di Siena, Inv. 91 MPS

Die Herkunft des sogenannten Chigi-Saracini-Kruzifixes ist unbekannt, dennoch ist es wahrscheinlich, dass es aus der Gegend von Arezzo stammt. Zum Einen besaß die Adelsfamilie Saracini Ländereien im gesamten Umland Arezzos, zum Anderen reichte die Diözese von Arezzo im 13. Jahrhundert praktisch bis an die Stadttore Sienas, weswegen verschiedene Kunstwerke aus Arezzo mit dieser Stadt in Verbindung gebracht werden – etwa das Retabel von Gregorio und Donato d'Arezzo (aus einem Oratorium in Arezzo), dessen Dokumentation im Palazzo Chigi-Saracini aufbewahrt wird.

Das Kreuz zeigt Christus frontal, mit erhobenem Kopf und offenen Augen, im Triumph über Tod, Schmerz und menschliches Leiden, gemäß der Ikonografie des *Christus triumphans*. Dieser Darstellungstypus des siegreichen Gekreuzigten war im 12. Jahrhundert in Mittelitalien weit verbreitet, wird dann aber im 13. Jahrhundert – auch unter dem Einfluss der durch die neuen Mendikantenorden verbreiteten Passionsfrömmigkeit – seltener.

Über der roten Tafel mit dem Kreuzestitulus ist noch eine Halbfigur von Christus als Pantokrator erkennbar, also eine für die byzantinische und generell mittelalterliche Kunst typische Darstellung Jesu, die meist in Mosaiken und Fresken von Apsiden zu sehen ist. Er ist in strenger Haltung im Segensgestus dargestellt und hält ein Buch mit rotem Einband. Er ist mit gleichmäßigen, kräftigen Pinselstrichen gemalt und durch Bleiweißhöhungen hervorgehoben. Zwei Löcher auf beiden Seiten, auf Höhe des waagerechten Durchmessers des Tondo, in dem der Pantokrator gemalt ist, lassen die Hypothese zu, dass sich hier ursprünglich eine rechteckige Bekrönungstafel befand, die durch das Anbringen zweier seitlicher Holztafeln entstand. Dies deutet wiederum darauf hin, dass sich an den beiden Enden der Seitenarme ursprünglich zwei ebensolche Tafeln mit Engeln befanden.

Bei der Erstellung des Gesamtinventars der Chigi-Saracini-Sammlung in Siena vermutete Michele Maccherini, das Kreuz sei zwischen 1240 und 1250 gemalt worden. Wie auch der Kunsthistoriker Luciano Bellosi betonte, kann das Chigi-Saracini-Kreuz nicht bloß der Werkstatt Margaritones zugeschrieben oder als eine vereinfachte Version seines Kreuzes in der

Pfarrkirche Santa Maria in Arezzo angesehen werden. Seine künstlerische Qualität führt uns dazu, es zu den besten und frühesten Werken des Künstlers selbst zu betrachten. Schließlich scheint es nicht unangebracht, die Ähnlichkeiten zwischen dem Lendenschurz des sienesischen Christus und dem derselben Figur von Coppo di Marcovaldo auf einem Kreuz in den Städtischen Museen von San Gimignano (1255/60) hervorzuheben, was uns zu der Hypothese veranlasst, dass das Chigi-Saracini-Kreuz um die Mitte der 1250er Jahre entstanden ist. *VA*

06 Kreuzigung mit den Heiligen Hieronymus und Franziskus

Florentinische Schule, spätes 15. Jahrhundert
Tempera auf gewölbter Holztafel, 67 × 43 cm
Prato, Museo di Palazzo Pretorio, Inv. 1320

Das Gemälde – laut dem Kunsthistoriker Raimond van Marle (1887-1936) aus der Schule von Francesco Botticini; nach Cesare Cavalcaselle (Crowe-Cavalcaselle 1864) von Andrea del Castagno – ist wohl einem der unbedeutenderen florentinischen Miniaturmaler aus dem letzten Abschnitt des 15. Jahrhunderts zuzuschreiben, wenn man den volkstümlichen Stil und den nordischen Geschmack in der Landschaftsgestaltung berücksichtigt. Die Figuren im Vordergrund sind von dem Fresko der Kreuzigung des Fra Angelico im Kapitelsaal von San Marco in Venedig beeinflusst, allerdings ist die Linienführung zarter und bewegter und in die letzten Jahre des Quattrocento datierbar. Im Kruzifix spürt man gar schon die unruhige Physiognomie Filippino Lippis und seines Umfeldes. Insbesondere erinnert das Bild an den kompositen Stil von Bartolomeo di Giovanni, einem vielseitigen Künstler der zweiten Hälfte des Quattrocento, der 1501 starb. Seine Kreuzigung mit Heiligen für die Kirche Sant'Andrea a Camoggiano in Barberino di Mugello (heute in der Pfarrkirche von San Silvestro) weist Züge auf, die dem Stil Filippinos sehr ähneln. Mit seinem expressionistischen Stil beeinflusste er den lokalen Künstler Gerolamo Ristori.

Das Gemälde stammt aus der Sammlung der sogenannten Galleria Martini, die von ihrem Besitzer Giovanni Martini im 19. Jahrhundert testamentarisch dem Ospedale della Misericordia e Dolce in Prato vermacht worden war, und befindet sich seit 1897 im Palazzo del Comune von Prato. Die beiden Heiligen Franziskus und Hieronymus, die der Kreuzigung anachronistisch beiwohnen, stehen beide für ein eremitisches Leben in Zurückgezogenheit. Sie könnten somit einen Hinweis auf die Herkunft des Gemäldes aus einem entsprechenden Orden geben. *MPM*

I·N·R·I

07 Retabel mit Heimsuchung, Kreuzigung, Johannes dem Täufer und hl. Franziskus

Vittore Crivelli (um 1435 – um 1501)
um 1471/73
Tempera auf Holz, 116 × 192 × 22 cm bzw. 67 × 97 × 16,5 cm
Sant'Elpidio a Mare, Pinacoteca Civica Vittore Crivelli

Dieses Triptychon belegt mit seinem bestens erhaltenen Renaissance-Rahmen die Wende, die sich nach der Entstehung des Triptychons von Monte San Martino aus dem Jahre 1489 im Schaffen Vittore Crivellis abzeichnet. Statt gotisches Rahmenwerk mit Wimpergen und Fialen verwendet er ausgeglichenere, rationalere architektonische Modelle, die im Zusammenhang mit den Neuerungen der Renaissance zu sehen sind. Hierfür stehen auch die klassizistischen Ornamente, die Gesims und Pilaster schmücken.

Maggimi (1832), der das Retabel zusammen mit dem Polyptychon der Marienkrönung in der Franziskanerkirche in Sant'Elpidio a Mare sah, hielt es für ein Werk von Carlo Crivelli; später wurde es der Crivelli-Schule zugeschrieben, und Calzini (1901) fiel schon auf, dass „die Figuren, auch in Bezug auf die charakteristischen Gesichtszüge, der Art und Weise der Zeichnung Vittorios ähneln". Luigi Serra definierte schließlich 1925 die Zuschreibung, die 1950 von Pietro Zampetti bestätigt wurde. Letztendlich trug der Kunstmarkt selbst zur Verwirrung bezüglich der Zuschreibung der Werke der beiden venezianischen Brüder Crivelli bei. Tatsächlich hatte der Erfolg, den Carlos Tafeln seit der ersten Hälfte des 19. Jahrhunderts bei angelsächsischen Sammlern hatten, lokale Händler wie Ignazio Cantalamessa aus Ascoli dazu veranlasst, Vittores Gemälde als Werke seines älteren Bruders anzubieten. Man setzte dabei auf oberflächliche stilistische Analogien und die Wiederholung bestimmter schmückender Elemente, wie die charakteristischen Girlanden aus Blumen und Früchten, oder die detailgetreue Darstellung kostbarer Stoffe, welche man als spezifische Kennzeichen der „Marke Crivelli" bezeichnen könnte.

In der Mitte des Triptychons ist anstelle des üblichen Marienbildes die Szene der Heimsuchung Mariens dargestellt, eine Lösung, die „dem Künstler ermöglicht, eine lebendigere Gestaltung der beiden im Dialog befindlichen Figuren zu versuchen. Aber ihre Begegnung spielt sich ohne die Freude und den Jubel ab, von dem das Lukasevangelium berichtet, da in Vittores Gemälden die Affekte immer gedämpft sind. Dennoch gelingt es ihm, die gefühlvolle Süße eines Augenblicks zu vermitteln" (Di Provvido 1997, S. 249).

Auf der Marmorbrüstung im Hintergrund des Bildes ist seitlich der Jungfrau eine Kristallvase mit Nelken gemalt, die auf Maria als Braut Christi und auf ihre Keuschheit anspielt. Neben der hl. Elisabeth liegt dagegen ein langer Streifen weißen Stoffes, welchen Di Provvido als Schriftrolle interpretiert, die sich auf die an Maria gerichtete Verkündigung bezieht. Überzeugender scheint die Interpretation eines Fatschentuchs, um das neugeborene Kind zu wickeln.

Rechts der Mitteltafel steht die Figur des hl. Franziskus auf einem von einer Hecke begrenzten Felsvorsprung. Der Heilige betrachtet mit melancholischem und andächtigem Gesichtsausdruck ein kleines Kruzifix, aus dessen Wunden feurige Strahlen in die Seite, Füße und Hände des Heiligen eindringen. In der anderen Hand hält er ein schweres, kunstvoll gebundenes Buch, vielleicht in Anspielung auf die Franziskanerregel.

Es handelt sich um eine Art der Darstellung, die Vittore Crivelli auch in seiner *Stigmatisation des hl. Franziskus* aus dem Franziskanerkloster von Amandola (heute in El Paso, Texas) verwendet hat, sowie in dem Tafelbild gleichen Themas im Polyptychon der Krönung Mariens in Sant'Elpidio a Mare. Dies lässt die Rücksicht erkennen, die der venezianische Maler den ikonografischen Ansprüchen seiner franziskanischen Auftragsgeber schenkte (Massa 1997, S. 45).

Zwei Briefe im Staatsarchiv von Fermo belegen, dass sich Vittore Crivelli am 9. und 31. Mai 1495 an die Magistraten von Sant'Elpidio a Mare gewandt und sie um Unterstützung gebeten hatte, die zwanzig Golddukaten einzutreiben, die Donna Gentilina ihm für die Ausführung einer Tafel versprochen hatte: Der Umstand, dass eine Frau den venezianischen Maler beauftragt hatte, lässt vermuten, dass es sich bei dem betreffenden Gemälde um dieses Retabel handelt, welches im Zentrum auf die Geburt von Jesus und Johannes dem Täufer mit der Darstellung ihrer schwangeren Mütter anspielt. *SP*

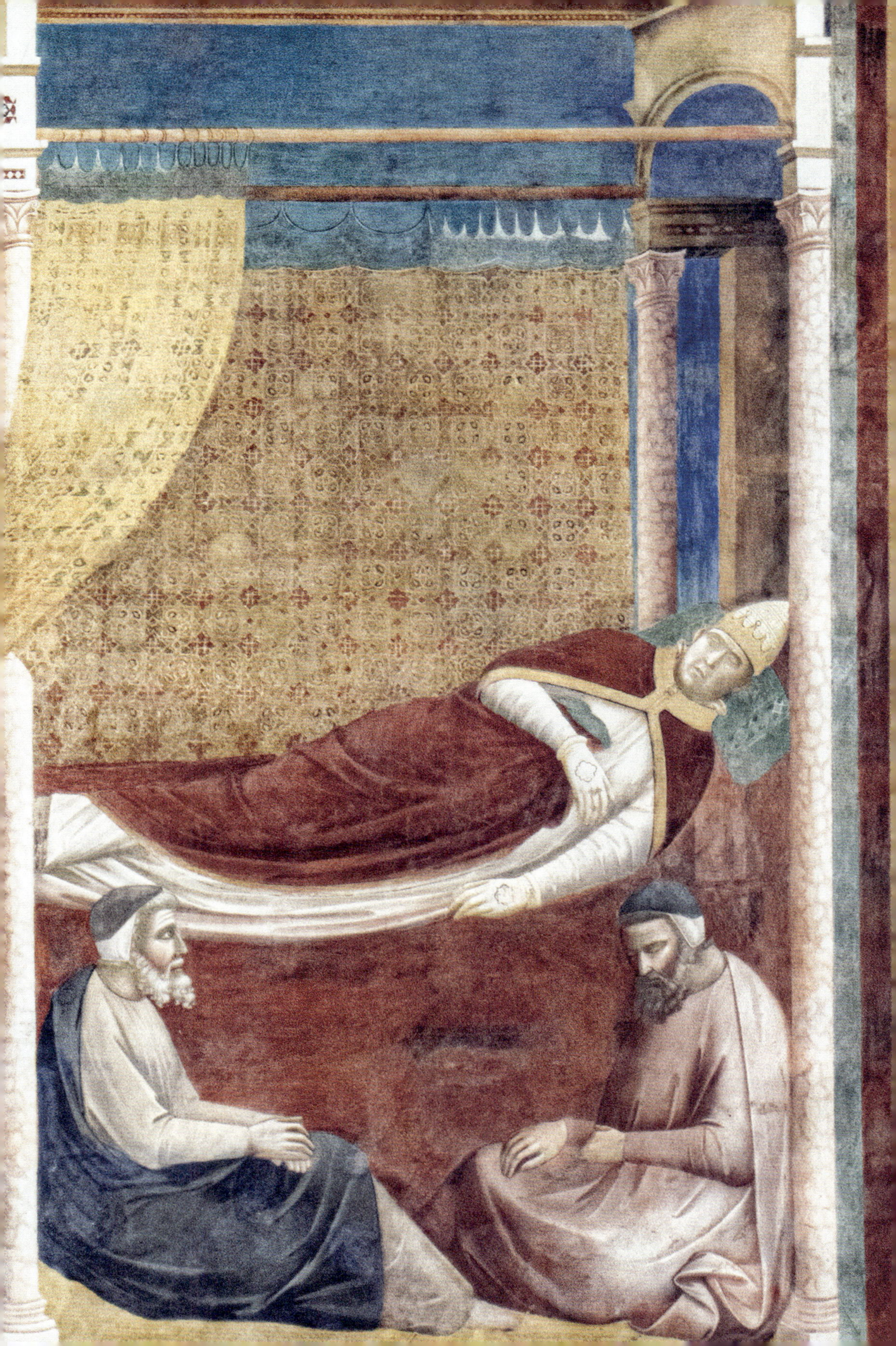

Herrin, heilige Armut,
der Herr erhalte dich
mit deiner Schwester,
der heiligen Demut.

Die heilige Armut
macht alle Begehrlichkeit
und Habsucht und die Sorgen
dieser Welt zu Schanden.

Hl. Franziskus, Gruß an die Tugenden

_IV_

FRANZISKUS DER POVERELLO

Armut und Einsamkeit

08 Der hl. Franziskus in Meditation

Michelangelo Merisi, gen. Caravaggio (1571-1610), zugeschrieben
um 1606
Öl auf Leinwand, 128,2 × 97,4 cm
Rom, Gallerie Nazionali d'Arte Antica, Palazzo Barberini, Inv. 5130

Einfallendes Streiflicht durchbricht das Halbdunkel der Einsiedelei und erhellt Franziskus' rechtes Profil, wobei sein Oberkörper, die stigmatisierte Hand und die linke Gesichtshälfte teilweise im Schatten verbleiben. Der Heilige, der im Gebet und in andächtiger Meditation über die Vergänglichkeit der irdischen Dinge versunken ist, wendet seine Aufmerksamkeit von dem Kruzifix ab und betrachtet eingehend den Totenschädel, ein Attribut des bußfertigen Eremiten. Die auf das Wesentliche reduzierte Komposition unterstreicht die tiefe mystische Reflexion des Heiligen, verbunden mit dem Thema der „Imitatio Christi".

Der Hell-Dunkel-Kontrast und die Nahsicht betonen die schweren Falten des groben und zerschlissenen Wollhabits, den Franziskus „für sich selbst angefertigt hatte, indem er das Bild des Kreuzes nachbildete, um alle Verführungen des Teufels fernzuhalten; er hatte ihn so rau gemacht, dass er das Fleisch und alle seine Laster und Sünden kreuzigte, und so arm und grob, dass es unmöglich war, ihn darum zu beneiden" (Fonti Francescane, 356-357).

Das Gemälde stammt aus der Kirche S. Pietro in Carpineto Romano, die um 1609 von Kardinal Pietro Aldobrandini, einem Neffen von Papst Clemens VIII., gegründet wurde. Wahrscheinlich gab diese Familie, die Carpineto 1597 von den Grafen von Segni und Valmontone erworben hatte, das Gemälde um 1606 in Auftrag. Der Stil des Gemäldes entspricht den Werken Caravaggios aus dieser Zeit, und auch die Biografie des Künstlers stützt diese Hypothese. Im Sommer 1606 war der Maler nämlich in das Lehensgebiet der Familie Colonna südlich von Rom geflüchtet (die Biografen erwähnen Palestrina, Zagarolo und Paliano, die alle in der Nähe von Carpineto liegen), um der Todesstrafe zu entgehen, die nach dem Mord an Ranuccio Tomassoni am 28. Mai desselben Jahres über ihn verhängt worden war.

Seit 1968, als Maria Vittoria Brugnoli das Gemälde bekannt gemacht hatte, wurde es mit der schönsten der zahlreichen Kopien in Verbindung gebracht: derjenigen in der Kapuzinerkirche Santa Maria della Concezione in Rom, die bis dahin als das Original galt. Es war Giulio Cantalamessa, der 1908 als Erster dieses Gemälde Caravaggio zuschrieb und es mit den Ereignissen rund um den Prozess im Jahr 1603 in Verbindung brachte, bei dem es um ein Kapuzinergewand ging, das Orazio Gentileschi an Caravaggio ausgeliehen hatte.

Der Erhaltungszustand des Gemäldes im Palazzo Barberini, das heute mit einer stark verminderten und abgeschliffenen Farbschicht überliefert ist, trägt zur Glaubwürdigkeit der Urheberschaft Caravaggios bei, auch wenn diese von den Kritikern nicht einhellig anerkannt wurde. Das Werk weist jedoch eine größere Genauigkeit in der Wiedergabe bestimmter Details auf (von der Darstellung des Zingulums bis hin zu den Rissen und Flicken des Habits) und es enthält im Gegensatz zu den verschiedenen anderen bekannten Fassungen mehrere Pentimenti, welche die Hand mit dem Schädel – ursprünglich in einer etwas anderen Position konzipiert – und vor allem die Kapuze des Heiligen betreffen. Letztere war zunächst spitz zulaufend gemalt, in Anlehnung an den Habit der Kapuziner, und wurde später dem Habit der reformierten Minoriten angepasst. Diese auch mit bloßem Auge sichtbare Änderung der Kapuzenform ist vielleicht als eine nachträgliche Korrektur durch den früheren Bestimmungsort des Werks bedingt: eine Kirche, die ursprünglich dem Kapuzinerorden anvertraut war und später den Franziskaner-Konventualen zugewiesen wurde. *YP*

Hüten sollen sich die Brüder,
Kirchen, ärmliche Wohnungen
und alles, was für sie gebaut wird,
überhaupt anzunehmen,
wenn sie nicht sind, wie es der
heiligen Armut entspricht,
die wir in der Regel versprochen haben;
und sie sollen dort immer herbergen
wie Pilger und Fremdlinge.

Hl. Franziskus, Testament

09

Der hl. Franziskus im Gebet

Ludovico Cardi, gen. Il Cigoli (1559-1613)
Florenz, um 1596/99
Öl auf Leinwand, 135 × 120 cm
Rom, Gallerie Nazionali d'Arte Antica, Palazzo Barberini, Inv. 825

Der hl. Franziskus ist in einem Moment des innigen und überwältigenden Gebets dargestellt, kniend vor einem hölzernen Kruzifix, dessen Glanz den Heiligen in ein fahles, blasses Licht taucht. Auf dem Felsen ruhen gemäß der ikonografischen Tradition ein offenes Buch und ein Totenschädel, die zusammen mit einem Strauch gelber Disteln ein schönes Stillleben bilden. Die Pflanze (ital. *cardo*), die leicht an ihrem Wuchs, den dornigen Blättern und den Blüten zu erkennen ist, verweist auf den Nachnamen des Malers gleich einer versteckten Signatur.

Der Moment dieses mystischen Gebetes folgt auf den der Stigmatisierung, wie die blutenden Wunden an beiden Händen nahelegen. Der Habit aus grober und rauer Wolle, der mit zahlreichen Flicken versehen ist, ist ein braunes Kapuzinergewand mit einer großen Kapuze und einem Zingulum mit drei Knoten, an dem auch ein hölzerner Rosenkranz befestigt ist.

Es existieren zwei Repliken des Gemäldes im Ponce Art Museum in Puerto Rico und in der Sammlung Mazzelli in Rom, die beide auf das Jahr 1599 datiert sind (Nissman 1969, S. 24), was darauf hindeutet, dass das Barberini-Gemälde, das kürzlich von Vega Santodonato restauriert worden ist, vor diesen eingeordnet werden kann. Dieselbe Ikonografie findet sich mit leichten Abweichungen auch bei Cristofano Allori (Chappel 1971). Es handelt sich um ein wiederkehrendes Thema in Cigolis künstlerischer Produktion mit etwa fünfundzwanzig Gemälden mit dem hl. Franziskus, die ihm oder seiner Schule zugeschrieben werden (Nissman 1969). Am berühmtesten ist jenes Bild in den Uffizien, das den hl. Franziskus beim Empfang der Stigmata darstellt und 1596 signiert und datiert ist.

Das hier ausgestellte Gemälde weist einen noch dem Spätmanierismus verhafteten Stil auf, mit barocken Anklängen und venezianisch-emilianischen Einflüssen. Die zwischen Tizian und Correggio oszillierende Malweise verschmilzt zu Cardis persönlicher Manier, der die Malerei vom Manierismus zum Barock überführt und dabei fast unberührt von den bahnbrechenden Errungenschaften Caravaggios bleibt. *YP*

Und jene, die kamen,
Leben zu empfangen,
gaben alles, was sie
haben mochten, den Armen.
Und sie waren zufrieden
mit einer einzigen Kutte,
innen und außen geflickt,
samt Strick und Hosen.
Und mehr wollten wir nicht haben.

Hl. Franziskus, Testament

Tonaca
Cingolo e Scarpette

10

Franziskus von Assisi in Ekstase

Pieter van Mol (1599-1650)
2. Viertel des 17. Jhs.
Öl auf Leinwand, 147 × 105 cm
Florenz, Galleria degli Uffizi, Inv. Palatina 1912 Nr. 93

Nach dem Konzil von Trient erfuhr das Bild des heiligen Franziskus einen erheblichen Wandel gemäß den Vorgaben der gegenreformatorischen Ikonografie. Im Barock wurde er vor allem als Asket in einsamer Kontemplation dargestellt. Gleichzeitig führte das Aufkommen neuer franziskanischer Reformorden wie dem der Kapuziner, die sich zu dem ursprünglichen Armutsideal des Ordensgründers bekannten, zu größerem Augenmerk auf ikonografischen Details, die diesen Aspekt des Poverello von Assisi betonten, wie z. B. der abgenutzte und geflickte Habit.

Das Gemälde zeigt Franziskus im Moment der Ekstase unmittelbar nach dem Empfang der Stigmata auf dem Berg La Verna, zu erkennen an der charakteristischen Steinformation des sog. *crudo sasso*, die im Hintergrund zu sehen ist. Der Heilige wendet seinen Blick zum Himmel, aus dem das göttliche Licht kommt. Die auf der Brust gekreuzten Hände zeigen die Wundmale. Zu seinen typischen Attributen, dem einfachen geflickten Habit mit Gürtelstrick, kommt der Rosenkranz hinzu. Das Andachtsgebet soll nach 1472 eingeführt worden sein, nachdem Maria einem Novizen im Fransiskanerorden erschienen war.

Auf einem Felsen befinden sich auch der Totenkopf als Einsiedler-Attribut, das für seine Glaubenserfahrung so wichtige Kruzifix, und eine Geißel, die auf sein Leben in Buße anspielt. Die kaum sichtbare Gestalt rechts im Hintergrund ist Bruder Leo, der Gefährte und Beichtvater von Franziskus in den letzten Jahren seines Lebens, der oft in der Episode der Stigmatisierung erscheint. Er hält sich die rechte Hand vor das Gesicht, als wolle er sich vor dem Licht schützen, und unterstreicht so sein Erstaunen über das miterlebte wundersame Ereignis.

Das Werk aus Sammlungen des Großfürsten Ferdinand, das in den Medici-Inventaren mit der Zuschreibung an Rubens aufgeführt ist, galt lange als ein Hauptwerk der Franziskusikonografie des flämischen Künstlers. Die Entdeckung der Signatur in der rechten unteren Ecke nach der Restaurierung ermöglichte es, das Gemälde Pieter van Mol zuzuordnen, einem aus Antwerpen stammenden Maler, der von 1631 bis zu seinem Tod am Pariser Hof arbeitete und vor allem für seine Historien- und religiösen Bilder bekannt war. *MA*

11

Der hl. Franziskus zeigt auf das Kruzifix

Annibale Carracci (1560-1609)
Bologna, um 1585/90
Öl auf Leinwand, 97 × 82,5 cm
Rom, Gallerie Nazionali d'Arte Antica, Galleria Corsini, Inv. 183

Mit einer beredten Geste deutet Franziskus auf das Kruzifix und fordert dazu auf, der Lehre Christi zu folgen. Das Stillleben im Hintergrund, das aus einem Schädel neben zwei Büchern besteht, bildet ein suggestives „Memento mori". Die Kunstkritik des 20. Jahrhunderts tendierte dahin, das Werk als eine zweite Version (oder eine Kopie) des Gemäldes in der Galleria dell'Accademia in Venedig (Malafarina 1976) zu betrachten, das bereits von Roberto Longhi als Carraccis erstes Original angesehen wurde. Die hier ausgestellte Version ist eindeutig eine eigenhändige Replik des Bologneser Meisters und bezeugt eine Ikonografie des hl. Franziskus im Kapuzinergewand, die in der gegenreformatorischen Kultur auf große Resonanz stieß.

Annibale Carracci befasste sich in seinen Werken wiederholt mit dem hl. Franziskus von Assisi und zelebrierte ihn sowohl in großen Altarbildern wie der *Pietà mit den Heiligen Klara, Franziskus und Magdalena* (1585, Parma, Galleria Nazionale) und der *Thronenden Madonna mit Kind und den Heiligen Franziskus, Matthäus und Johannes dem Täufer* (1588, Dresden, Gemäldegalerie) als auch in einigen kleineren privaten Gemälden wie dem *Hl. Franziskus* in der Galleria Borghese (ca. 1586). Hier stützt der Heilige das weinende Gesicht auf die eine Hand, während die andere das Kruzifix und den Schädel an die Brust drückt und dabei mit zwei Fingern nach dem Rosenkranz greift. Dieses Gemälde, das sich durch eine dichte, ergreifende Komposition auszeichnet und zweifellos den Geist des Kapuziner-Ordens verkörpert, übertrifft in seiner Intensität Bilder wie den ekstatischen Kopf des Heiligen im Museum von Capodimonte (ca. 1588-89) oder das kleine Diptychon in einer Privatsammlung, das den hl. Franziskus und die hl. Maria Magdalena als Ganzfiguren wiedergibt (ca. 1585).

Wie Alessandro Zuccari kürzlich feststellte, gehört zu dieser Gruppe von „kapuzinischen" Franziskusbildern, die gewöhnlich in die zweite Hälfte der 1580er Jahre datiert werden, neben der ersten signierten Version in Venedig auch das hier ausgestellte Werk. Die fast identische Komposition der beiden Gemälde zeichnet sich durch einen feinen Naturalismus aus und ist auf originelle Weise angelegt: Carracci ordnet die Meditationsobjekte (das Kreuz, den Schädel und die beiden Bücher) in der felsigen Umgebung von La Verna an und hebt die Elemente der Natur

hervor, die sich auf das Leiden Christi beziehen. Die Brombeersträucher verweisen explizit auf die Dornenkrone, während der Salamander, der in der Nähe des Kruzifixes seinen Kopf hebt, die innere Flamme des Glaubens zu symbolisieren scheint. Darüber hinaus lässt sich beobachten, dass der bewegte Blick und die einfühlsame Geste des hl. Franziskus zu einer nicht intellektuellen, sondern zutiefst affektiven Glaubenshaltung einladen, die besonders die Kapuziner kennzeichnete und in Bologna von Kardinal Gabriele Paleotti unterstützt wurde.

Die erste Erwähnung des Gemäldes in den Corsini-Archiven geht auf das Jahr 1750 zurück: Ein *Hl. Franziskus von Annibal Carracci* erscheint im „Inventar aller Gemälde [...] mit den Namen derjenigen, von denen sie gestiftet wurden" (Magnanimi 1980, S. 102, Nr. 59). Außerdem befand sich das Gemälde im Besitz von Kardinal Lorenzo Corsini, der es vor seiner Wahl zum Papst unter dem Namen Clemens XII. (1730-1740) erworben haben muss. *YP*

QVITRASITIS·P·VIAM·ATT

Nicht lange vor seinem Tod
erschien unser Bruder und Vater gekreuzigt:
Die fünf Wunden, die wirklich
die Wundmale Christi sind,
trug er an seinem Leib.
Seine Hände und Füße trugen nämlich
die Einstiche der Nägel und waren
von beiden Seiten durchbohrt.
Sie bewahrten die Narben
und zeigten das Schwarz der Nägel.
Seine Seite aber erschien mit einer Lanze
geöffnet, und er schwitzte oft Blut daraus.

Aus dem Rundbrief des Bruders Elias
zum Tod des hl. Franziskus

_V_

FRANZISKUS ALS NEUER CHRISTUS

Die Stigmata

S FRANCSC

12

Franziskus empfängt die Stigmata

Meister des Kreuzes Nr. 434 (Meister von Francesco Bardi bzw. Coppo di Marcovaldo, um 1225-1276), zugeschrieben
Florenz, um 1240/50
Tempera auf Holz, 81 × 51 cm
Florenz, Galleria degli Uffizi, Inv. 1890 Nr. 8574

Die unwirtliche Landschaft des Monte della Verna im Casentino – der Berg, den der Graf Orlando Cattani Franziskus als Rückzugsort überließ – ist als eine Abfolge von steilen Felsen dargestellt, bewachsen von spärlicher Vegetation. Hinter Franziskus, hoch oben auf dem Felsen, steht eine Kapelle, die erste kleine Kirche der Einsiedelei, die Santa Maria degli Angeli geweiht ist.

Es handelt sich um eine der ältesten Darstellungen der Stigmatisation, jener Episode im Leben des Franziskus, die ihn von allen anderen Heiligen vor ihm abhebt. Indem er das Leiden Jesu körperlich nacherlebt, erreicht Franziskus den Höhepunkt seiner Nachfolge Christi. Er wird zu einem „alter Christus", einem anderen, nämlich neuen Christus, wie es in der von Bonaventura von Bagnoregio verfassten *Legenda maior*, der offiziellen Biografie von Franziskus aus dem Jahr 1266, heißt. Das Wunder, das sich im September 1224 ereignete, wurde erst 1226 nach dem Tod des Heiligen mit dem Rundschreiben bekannt, mit dem sein Nachfolger Bruder Elias dem Papst Gregor IX. und allen Franziskanerprovinzen den Tod des Ordensgründers mitteilte.

Auf dem Gemälde ist Franziskus kniend und mit ausgestreckten Armen in betender Haltung dargestellt, wie er den Seraph am Kreuz betrachtet. An den Händen und Füßen von Franziskus sind deutlich die Köpfe der Nägel zu sehen, die die Wundmale verursachen, wie es bereits in der ersten Biografie von Thomas von Celano um 1228, dem Jahr seiner Heiligsprechung, beschrieben wird. Drei Strahlen gehen von dem Engel aus und überziehen das Gesicht des Franziskus, was auf die geistige Zwiesprache des Asketen mit der himmlischen Vision hinweist, aus der die Stigmata hervorgehen. Nicht sichtbar ist dagegen die Wunde an der Seite, die nach dem Bericht von Thomas von Celano zu Lebzeiten des Heiligen nur Wenige zu sehen bekamen, da sie unter seiner Kutte verborgen war.

Das Gemälde in den Uffizien ist eines der wenigen Bilder des Franziskus, die den Befehl des Franziskaner-Generalkapitels, das 1266 in Paris tagte, überlebt haben, die bis dahin gefertigten Bildnisse des Heiligen zusammen mit den verschiedenen älteren Versionen seiner Biografie vor der *Legenda maior* zu zerstören. Das Werk ist eine Seltenheit unter den heute bekannten Darstellungen des Franziskus aus dem 13. Jahrhundert, da es eine einzelne narrative Episode darstellt, was die außergewöhnliche Stellung des Wunders der Stigmatisation verdeutlicht. Rechts befindet sich am Bildrand eine Inschrift mit dem Namen des Heiligen, um sicherzustellen, dass Franziskus als Protagonist des wundersamen Ereignisses erkannt wird.

Die Herkunft des Gemäldes, das 1863 von dem Kaufmann Ugo Baldi der Accademia di Belle Arti in Florenz geschenkt wurde, ist unbekannt. Es gilt als das Werk eines Malers, der wahrscheinlich in Lucca ausgebildet wurde, aber im zweiten Viertel des 13. Jahrhunderts in Florenz tätig war und der auch das Kreuz mit der Inventarnummer 434 in den Uffizien schuf. *DP*

13

Der hl. Hieronymus in der Wüste / Tod Mariens / Der hl. Franziskus empfängt die Stigmata

Domenico di Michelino (1417/18-1491) und
Zanobi Strozzi (1412-1468), zugeschrieben
Florenz, um 1440/45
Tempera auf Holz, 17,5 × 44,4 cm / 17,6 × 46,8 cm / 17,5 × 47 cm
Prato, Museo di Palazzo Pretorio, Inv. 1316

Die drei Tafeln, die bereits geteilt in das Museum in Prato gelangten, bildeten einst die Predella eines Altars. Als dessen Hauptbild gilt die *Himmelfahrt Mariens mit den Heiligen Hieronymus und Franziskus* (heute in Dublin, National Gallery of Ireland), die dem Maler Zanobi Strozzi zugeschrieben wird. Sehr wahrscheinlich stand das Retabel einst in der Cappella dell'Assunta im rechten Querschiff des Doms in Prato. Sicher nachweisbar ist die Provenienz der drei Predellenbilder ab 1855, als sie mit der Kunstsammlung des Mäzens Giovanni Martini dem Ospedale della Misericordia e Dolce in Prato vermacht wurden.

Die Rekonstruktion der Altartafel zusammen mit den Predellenbildern im Rahmen der Ausstellung *Officina pratese* im Museo di Palazzo Pretorio (2013/14) führte zu einer lebhaften wissenschaftlichen Debatte. Die Zuschreibung der Predella an Zanobi Strozzi durch D'Ancona wurde von Marchini bestätigt, dann aber durch Berenson zugunsten Domenico di Michelino revidiert. Zeri dagegen schlug als Urheber den sogenannten Pseudo-Domenico di Michelino vor, während Padoa wieder Domenico di Michelino unter Zusammenarbeit mit Giovanni di Consalvo anführte, einem portugiesischen Maler, der mit Zanobi Strozzi zusammenarbeitete. Diese These wird auch von Scudieri unterstützt. De Marchi wiederum schlägt im Katalog der oben erwähnten Ausstellung erneut die Urheberschaft von Zanobi Strozzi vor, und zwar für die Tafel mit dem Marientod aufgrund der eindeutig durch Fra Angelico beeinflussten, mit schillernden Effekten angereicherten zarten Farbgebung und aufgrund der ausgefallenen Physiognomie der Engel. Für die beiden seitlichen Tafeln mit dem *hl. Hieronymus in der Wüste* und den *Stigmata des hl. Franziskus* liegt zwar ein suggestiver Vorschlag von Kanter und Fahy vor, die sie aufgrund ihrer kraftvollen Plastizität und dem offensichtlichen Einfluss durch Lippi Francesco Pesellino zuschreiben. Tatsächlich sind sie wohl der Urheberschaft von Domenico di Michelino zu Beginn der 40er Jahre zuzuschreiben, vor allem aufgrund des fantasievollen felsigen Hintergrundes. Das Umfeld ihrer Entstehung ist jedenfalls jenes der Werkstatt Zanobis

um das Jahr 1440: „ein Kreuzungspunkt der verschiedensten Einflüsse, ein Antriebsmotor für die Weiterentwicklung der Stilformen eines Fra Angelico“ (De Marchi 2013).

Ikonografisch bezieht sich der Tod Mariens auf die anschließende, in der Haupttafel dargestellte Himmelfahrt, bei der laut der Legende ihr Gürtel als Zeugnis auf Erden zurückblieb. Dieser Gürtel wird seit dem Mittelalter als wichtigste Reliquie im Dom zu Prato verehrt. Die beiden Heiligen Franziskus und Hieronymus sind beide in Momenten ihres Rückzugs in die Einsamkeit dargestellt. *MC*

14

Descrizione del Sacro Monte della Vernia (Beschreibung des Heiligen Berges von La Verna)

Florenz, 1612
Lino Moroni (Text), Raffaello Schiaminossi und Domenico Falcini (Stiche), Jacopo Ligozzi (Zeichnungen)
Papier, Kupferstiche und Radierungen, Druck, 43 × 30 cm
Florenz, Libreria Antiquaria Gonnelli

Der Monte Alverna oder La Verna, etwa 70 km östlich von Florenz gelegen, ist ein über 1.000 m hoher Höhenzug im Appenin. Die raue, unwirtliche Felslandschaft war schon im Mittelalter kaum besiedelt und bot sich daher inmitten der hochentwickelten Stadtstaaten Italiens als Ort für Menschen an, die sich von der Zivilisation zurückziehen wollten, um Gott zu suchen. Aus diesem Grund überließ im Jahr 1213 der damalige Grundherr, Graf Orlando di Chiusi, dem heiligen Franziskus den Berg, damit er dort als Einsiedler leben konnte. Franziskus hielt sich fortan häufig dort auf und erlebte schließlich im Jahr 1224 in der Einsamkeit des Berges den Höhepunkt seines Bestrebens um die Christusnachfolge: seine Stigmatisierung, die Einprägung der Wundmale Christi durch die visionäre Begegnung mit einem Seraph, der gleichzeitig der Gekreuzigte war. Der Ort dieser Begegnung wurde zu einem der wichtigsten franziskanischen Heiligtümer und Pilgerziele. Charakteristisch ist die Ausstattung der verschiedenen Kirchen und Kapellen des Klosterareals mit den glasierten Terrakotta-Reliefs aus der florentinischen Werkstatt der Bildhauerfamilie della Robbia.

Um den verehrten Ort den Gläubigen besser erschließen zu können, gab der Provinzialminister der Toskana, Fra Lino Moroni, 1612 diesen großformatigen und reich bebilderten Führer zum Heiligen Berg heraus. Bezeichnend ist die Prominenz, die den Bildern gegenüber dem Text eingeräumt wird. Die nach genauen Landschaftsstudien des Malers Jacopo Ligozzi angefertigten Stiche zeigen die einzelnen Stationen beim Besuch des Berges, an denen der Aufenthalt des heiligen Franziskus an diesem Ort nachvollzogen werden konnte, wie den Schauplatz der Stigmatisierung, die Einsiedelei, an der er lebte, oder markante Felsformationen wie den „Sasso Spicco". Die Betonung der gefährlichen Natur in den Bildern wie in den erläuternden Texten verleiht diesem Reiseführer eine besondere Dramatik und auch eine emotionale Wirkung. Nicht zuletzt lassen sich viele der Bilder aufklappen wie ein Pop-up-Buch und erlauben so eine virtuelle Reise durch den heiligen Ort. *AIN*

Descrizione locale rappresentante il luogo detto il Letto del Padre San Francesco, con vn suo Oratorio remotissimo, & oscurissimo.

A	Porta che entra di sù la Loggia per andare in tal luogo.
B	Persone per il viaggio, che mostrano andarui.
C	Massi auanti si vegga il letto del Padre San Francesco.
D	Letto doue riposaua spesso il Padre S. Francesco, oggi coperto con vna grata di ferro, lungo braccia dua, e quattro quinti, largo braccia vno, e vn terzo.
E	Scalino parte murato, e parte fatto dalla natura appiè di detto letto.
F	Quattro scaglioni, che saggano all'Oratorio.
G	Luogo dell'Oratorio largo tre braccia.
H	Luogo d'vna Croce, che vi teneua il Padre San Francesco.
I	Massi che stanno quasi in Aria.
L	Alberi grandi, e grossi nati sopra à detti Massi.

R

15

Der hl. Franziskus empfängt die Stigmata

Meister des Tondo Borghese (Florenz, tätig um 1485-1515), zugeschrieben
um 1485/1500
Öl auf Holz, 103 × 81,5 cm
Florenz, Galleria degli Uffizi, Inv. 1890 Nr. 5997

„Zwei Jahre, bevor Franziskus seine Seele dem Himmel zurückgab, weilte er in einer Einsiedelei, die nach dem Ort, wo sie gelegen ist, Alverna heißt. Da sah er in einem Gottesgesicht einen Mann über sich schweben, einem Seraph ähnlich, der sechs Flügel hatte und mit ausgespannten Händen und aneinandergelegten Füßen ans Kreuz geheftet war. [...] Während er sich verstandesgemäß über die Vision nicht klar zu werden vermochte und das Neuartige an ihr stark sein Herz beschäftigte, begannen an seinen Händen und Füßen die Male der Nägel sichtbar zu werden, in derselben Weise, wie er es kurz zuvor an dem gekreuzigten Mann über sich gesehen hatte."

So wird das Wunder der Stigmatisation von Thomas von Celano in der *Vita prima* beschrieben, der ersten Biografie von Franz von Assisi, in welcher der Heilige als „neuer Christus" gefeiert wird. Bereits 1226 hatte Bruder Elias in seiner Mitteilung an die Ordensprovinzen über den Tod von Franziskus geschrieben: „Noch nie hat man gehört ein solches Zeichen, außer im Sohne Gottes, welcher ist Christus der Herr. Nicht lange vor seinem Tod erschien unser Bruder und Vater gekreuzigt: Die fünf Wunden, die wirklichen Wundmale Christi, trug er an seinem Leib."

Vom gekreuzigten Christus mit dem Seraph im Hintergrund gehen Lichtstrahlen auf Franziskus aus, welche zu den Zeichen der Stigmata an Händen, Füßen und an der Seite führen. Neben ihm schützt sich sein Gefährte Bruder Leo, den das Wunder beim Lesen überrascht, vor dem Licht. In der von Rittern und Brüdern bevölkerten Landschaft im Hintergrund erhebt sich auf einem Felsvorsprung die Einsiedelei von La Verna, während dahinter ein Fluss mit Booten und einer Brücke verläuft, der vielleicht den Arno darstellt.

Die Komposition entspricht – mit einigen Abweichungen – dem Fresko, das Domenico Ghirlandaio in seinem Franziskus-Zyklus (1483-86) in der Sassetti-Kapelle in der Kirche Santa Trinita in Florenz gemalt hat. Der Maler des Tafelbildes, der zwar in der Nachfolge Ghirlandaios steht, sich aber durch seine trockene Art, harte Linien und minutiöse Details auszeichnet, wurde kürzlich von Matteo Gianeselli mit dem sogenannten Meister des Tondo Borghese identifiziert, ein nach einem Gemälde mit der Geburt Christi in der Galleria Borghese benannter Künstler, der auch als Mitarbeiter Pinturicchios an den Fresken in den Borgia-Gemächern im Vatikan (1492-95) nachweisbar ist. *CGM*

Der Herr segne dich
und behüte dich.
Er zeige dir sein Angesicht
und erbarme sich deiner.
Er wende dir sein Antlitz zu
und schenke dir Frieden.

Hl. Franziskus, Segen für Bruder Leo

16

Heiliger Franziskus

Giovanni della Robbia (1469-1529), Werkstatt
um 1520
Gebrannter Ton, farbig glasiert, ∅ 143 cm
Florenz, Museo Nazionale del Bargello, Inv. maioliche 187

Das Relief stammt aus dem ehemaligen Franziskanerinnenkloster S. Orsola in Florenz, das 1810 aufgelöst und in eine Tabakfabrik umgebaut wurde. Es zeigt den heiligen Franz von Assisi als Dreiviertelfigur im typischen Habit der Franziskaner, gerahmt von einem Kranz aus Früchten, Blüten, Pinienzapfen und -zweigen sowie Blättern. Der Heilige ist hier als der stigmatisierte, als der von den Wundmalen der Kreuzigung gezeichnete neue Christus dargestellt. Kreuz und Evangelienbuch in seiner rechten Hand unterstreichen die Idee der bedingungslosen und radikalen Nachfolge Christi, die in Franziskus Gestalt angenommen hat. In der Darstellung des Heiligen selbst folgt della Robbia dem biblischen Bericht des Johannes von der Erscheinung des Auferstandenen am Osterabend (Joh 20, 19-29), die er hier nun ganz auf Franziskus, den neuen Christus, überträgt: „Am Abend dieses ersten Tages der Woche, als die Jünger aus Furcht vor den Juden bei verschlossenen Türen beisammen waren, kam Jesus, trat in ihre Mitte und sagte zu ihnen: Friede sei mit euch! Nach diesen Worten zeigte er ihnen seine Hände und seine Seite. Da freuten sich die Jünger, als sie den Herrn sahen. Jesus sagte noch einmal zu ihnen: Friede sei mit euch! Wie mich der Vater gesandt hat, so sende ich euch." Die auffällige Geste, mit welcher der Künstler Franziskus mit seiner linken Hand die Seitenwunde freilegen und diese sogar selbst berühren lässt, erinnert an die nächste Episode der biblischen Erzählung: Christus fordert in der Fortsetzung des bereits zitierten Johannestextes den an seiner Auferstehung zweifelnden Thomas dazu auf, die Seitenwunde zu berühren, um glauben zu können. Das zunächst einfach erscheinende Bildprogramm des stigmatisierten Franziskus erweist sich somit als hochkomplex. Auch Franziskus übernahm die johanneische Grußformel „Pax vobis", Friede sei mit euch, und ergänzte sie zu „Pax et Bonum", Frieden und Heil. Der dem Friedensgruß folgende Verkündigungsauftrag Jesu an seine Jünger entspricht auch dem Auftrag des Franziskus an seine Brüder, in die Welt zu gehen und das Evangelium zu leben und zu verkünden. Eine eher apologetische Funktion scheint dagegen die auffällige und an die Thomasgeschichte erinnernde Präsentation der Seitenwunde zu haben. Die Echtheit der Stigmata wurde seit dem Tod des Heiligen von Skeptikern, allen voran aus den Reihen der Dominikaner, immer wieder in Zweifel

A ω

gezogen. Bereits im Jahr 1237 wurden von Papst Gregor IX. drei päpstliche Bullen erlassen, die deren Echtheit bestätigten und Zweifler und Leugner verdammten. Bis zum Jahr 1291 erschienen sechs weitere Bullen mit demselben Inhalt.

Das christologische Programm des Bildwerks, das Franziskus als den neuen Christus feiert, setzt sich auch im umlaufenden Kranz fort. Er ist in acht Felder gegliedert, mit jeweils einer Fruchtart in einer Dreiergruppe: Oben beginnt die Reihe mit Granatäpfeln in verschiedenen Stadien des Reifens, die hier für das Blut Christi und zugleich für die Einheit der Kirche stehen, da sie in jeder Frucht eine Vielzahl von Samen enthalten. Es folgen im Uhrzeigersinn Orangen, welche wie auch die beiden anderen Zitrusfrüchte des Kranzes, die wulstigen Cedrat- oder Zitronatzitronen in der unteren linken und die echten Zitronen in der oberen linken Kranzhälfte, als Früchte des Paradiesbaumes das wiedererlangte Heil und die Erlösung durch Christus symbolisieren. Die Samenkapseln des roten Mohns als Symbol für das Blut Christi verweisen zusammen mit den Weizenähren auf die Eucharistie, die Quitte symbolisiert die Jesusliebe und die daraus hervorgehenden neuen Früchte, die Pinienzapfen und Melonen stehen schließlich für Auferstehung und Unsterblichkeit.

Mit dieser komplexen franziskanischen Symbolik war der Bildhauer Giovanni della Robbia vertraut. Sein Vater Andrea della Robbia (1435-1525) gehörte zu den bevorzugten Künstlern der franziskanischen Gemeinschaften in der Toskana. Dies ist vor allem auch seinen glasierten Terrakotta-Reliefs zu verdanken, da die Franziskaner in den Kunstwerken aus dem einfachen und billigen Material keinen Konflikt mit ihrem Armutsgebot sahen. So wurden in der Werkstatt des Vaters die Altäre für die verschiedenen Kirchen und Kapellen des Heiligtums von La Verna und damit eines der bedeutendsten Gesamtkunstwerke der drei Generationen tätigen Künstlerfamilie della Robbia geschaffen. *CK*

17

Weihbrunn mit Stigmatisation des hl. Franziskus

Deruta, 2. Hälfte des 17. Jahrhunderts
Maiolika, glasiert, H. 45,5 cm
Cento, Sammlung Grimaldi Fava

Das Weihwasserbecken zeichnet sich durch seine doppelte dekorative Gestaltung aus: Das sakrale Bild in der Mitte ist gemalt, während die architektonische Gliederung und die Randfiguren als Hochrelief modelliert sind. In der Mitte der Rückwand ist der hl. Franziskus dargestellt, wie er eine Vision des gekreuzigten Jesus Christus empfängt, der teilweise von Flügeln umhüllt und von einem Lichtschein umgeben ist: eine seltene ikonografische Umsetzung, die das übliche Bild des Seraphs ersetzt. Bei dieser Vision empfängt der Heilige laut der *Legenda maior* des Bonaventura von Bagnoregio die Stigmata, die in der gemalten Figur des Heiligen bereits seine Hände und Füße kennzeichnen. Das Bild ist szenografisch unter einem Baldachin mit Vorhängen plaziert, die von zwei Engeln aufgeschlagen werden, über denen zwei weitere Engel Kerzen halten. Oben auf dem Baldachin sitzt die Figur des Jesuskindes, das eine Weltkugel hält. Der Baldachin und die Vorhänge sind mit kleinen Blättern, Lilien und anderen Blumen verziert. Die Rückwand ist von ornamentalen Voluten gerahmt, deren Umrisse durch dünne parallele Linien markiert sind. Darunter befindet sich das halbkugelförmige Wasserbecken, das mit den für Deruta typischen „rafaellesken“ Ornamenten und der Büste einer geflügelten Karyatide verziert ist. Die glasierte Keramik ist in Orange, Blau, Braun, Gelb und Grün bemalt. Die architektonische Gestaltung in Form eines Baldachins ist eine ungewöhnliche Lösung innerhalb der Produktion der Keramikwerkstätten von Deruta im 17. Jahrhundert, auf die jedoch die „rafaelleske“ Typologie, die plastischen Figuren und andere dekorative Elemente verweisen, wie die Voluten, die durch parallele Linien gekennzeichnet sind. Die aus Deruta stammenden Weihbrunnen aus dem 17. Jahrhundert weisen meist eine viel einfachere Struktur auf, mit zwei oder vier Figuren an den Seiten und einer Bekrönung mit einer Protome, die sich auch am Boden des Beckens wiederholen kann, obwohl einige wenige Beispiele auch mit einer komplexen architektonischen barocken Tabernakelanordnung bekannt sind, mit gedrehten Säulen, einem reichen Gebälk und einem geschwungenen Tympanon. Eine ähnliche architektonische Komplexität kennzeichnet das hier untersuchte Exemplar, das aufgrund des ungewöhnlichen Ausschnitts des sakralen Bildes, der durch das Öffnen der Baldachinvorhänge zum Vorschein kommt, noch origineller und wirkungsvoller in der Darstellung ist.

Das Stück weist, insbesondere bei der Figur des Kruzifixes, einige stilistische Ähnlichkeiten mit einer Schale im Staatlichen Museum für mittelalterliche und moderne Kunst in Arezzo auf, welche die Kreuzigung Christi darstellt und 1674 datiert ist. Luca Pesante hat diese Schale auf eine Produktionsstätte in Bagnoregio aus dem 17. Jahrhundert zurückgeführt, ebenso wie einen 1667 datierten Teller mit einer Kreuzigungsdarstellung, die der Schale aus Arezzo sehr ähnlich ist und deren Ornamentumrandungen mit kleinen braunen Spiralen dem vorliegenden Weihwasserbecken ähneln. Die Nähe der Werkstatt in Bagnoregio zu den Produktionsstätten in Deruta wird durch die Anwesenheit von Töpfern aus Deruta, wie etwa der Familie Trinci, im Hauptort des oberen Latiums bestätigt. *VM*

18

Franziskus empfängt die Stigmata

Tizian (Tiziano Vecellio)
(Pieve di Cadore um 1480/1485 – Venedig 1576)
Öl auf Leinwand, 298 × 177 cm
Signiert unten links: „TITIANUS VECELLIUS CADOR“
Ascoli Piceno, Museo Cicivo, Inv. 361

Bereits 1724 beklagte Tullio Lazzari in seiner Beschreibung der Stadt Ascoli Piceno und ihrer Kunstschätze den Zustand dieses kostbaren Gemäldes, als es sich noch in der Kirche San Francesco befand, „sehr schlecht erhalten, vielleicht wegen der Feuchtigkeit der dahinter liegenden Wand“. Seit 1919 erfuhr das Gemälde in der Pinacoteca Civica mehrere Restaurierungen mit zum Teil tief eingreifenden Veränderungen und Ergänzungen. Erst die jüngste Reinigung hat zumindest die ursprüngliche Farbwirkung wieder zum Vorschein gebracht.

Der Stifter Desiderio Guidoni (um 1530-1593), der auf der rechten Seite des Gemäldes kniet, entstammte einer wohlhabenden Familie, die um 1540 nach Ascoli zog. Er schloss seine Studien in Neapel ab und begann eine politische Karriere, die ihn mit einflussreichen Mitgliedern der päpstlichen Kurie in Kontakt brachte. In den 1550er Jahren hielt Guidoni sich bereits in Rom auf, wo er die Bestätigung bestimmter Privilegien für die Corpus-Domini-Bruderschaft von Ascoli Piceno erwirkte; später wurde er von der Stadt Ascoli zu ihrem offiziellen Vertreter in der Heiligen Stadt ernannt. Zwei notarielle Urkunden aus den Jahren 1570 und 1571 bezeugen seine Anwesenheit in Venedig. Hier durchlebte er eine tiefe religiöse Krise, die ihn dazu veranlasste, Kleriker und später Priester zu werden. Weitere Aufenthalte in den Marken und in Venedig folgten. Unter Papst Clemens VIII. kehrte Guidoni mit dem Titel eines Gouverneurs nach Rom zurück, und wenn er nicht 1593 verstorben wäre, hätte er vielleicht die Kardinalswürde anstreben können.

Gemäß dem letzten Willen seines Vaters ließ Guidoni in der Kirche San Francesco in Ascoli ein Grabmal mit Altar errichten und beauftragte 1559 drei lombardische Steinmetze mit der Ausführung in travertinischem Marmor, „nicht ohne guten Geschmack, besonders für die schönen halbkorinthischen Kapitelle“ (Carducci 1853, S. 128). Die Grabkapelle wurde laut einer heute verlorenen Inschrifttafel 1561 fertiggestellt und wurde anschließend mit dem Gemälde von Tizian geschmückt.

Guidonis Anwesenheit in Venedig ist zwar erst ab 1570 belegt. Doch frühere Reisen sind nicht auszuschließen, und sein Stifterporträt, das sich durch eine außerordentlich intensive psychologische Darstellung

auszeichnet, lässt vermuten, dass er persönlich für den bereits älteren Tizian Modell gestanden hat. Ein möglicher Beweis dafür ist die auffällige Überarbeitung der gefalteten Hände, die zunächst weiter oben und näher am Oberkörper gemalt waren. Der dichte, brodelnde Farbauftrag, den der venezianische Künstler in seinen reifen Jahren verwendete, trägt dazu bei, das Gesicht Guidonis subtil und wenig idealisiert zu definieren. Auch die Figuren des heiligen Franziskus und des Bruders Leo nehmen dank der lebendigen introspektiven Analyse des Künstlers den Charakter echter Porträts an.

Tizian inszenierte die Komposition, indem er den Betrachter außerhalb des Ortes des heiligen Geschehens auf zwei mit dem Wappen der Familie Guidoni verzierten Steinstufen kniend platzierte, auf denen zwei Bücher scheinbar beiläufig angeordnet sind, was an die literarische Tätigkeit Guidonis erinnert. Hinter den Stufen öffnet sich eine zerklüftete Gebirgslandschaft, über der der Erlöser in einem flammenden Licht erscheint. Obwohl es sich hier um eine der am stärksten beschädigten Stellen des Gemäldes handelt, hat die Restaurierung zwischen den Wolken, die die Christusfigur umgeben, ein feuriges Kreuz zum Vorschein gebracht, von dem er soeben herabgestiegen zu sein scheint, wodurch er zu einem *Christus triumphans* wird.

Der schnelle Pinselstrich, typisch für das Spätwerk Tizians, skizziert Figuren und Naturelemente mit einer beunruhigenden Modernität, die so revolutionär ist, dass sie für seine Zeitgenossen ebenso unverständlich war wie für diejenigen, die das Gemälde von Ascoli lange Zeit verkannt haben. *SP*

19

Franziskus empfängt die Stigmata

Ludovico Cardi, gen. Il Cigoli (1559-1613)
datiert 1596
Öl auf Holz, 247 × 171 cm
Florenz, Galleria degli Uffizi, Inv. 1890 Nr. 3496

Die Stigmatisierung ist ein Ereignis von enormer Bedeutung im Leben des Franziskus und in der Geschichte der Kirche: ein Wunder, das sich nie zuvor ereignet hatte, das den Heiligen zu einem lebendigen Abbild des Gekreuzigten machte.

Das Bild scheint die Geschichte getreu nach der *Legenda maior* des Bonaventura wiederzugeben: Franziskus sah nach einer im Gebet verbrachten Nacht am Berg von La Verna einen Seraph mit sechs leuchtenden, feurigen Flügeln, unter denen ein Gekreuzigter erschien: Er wurde von Erstaunen, Freude und Trauer zugleich erfüllt. Staunen und Freude, als er den Blick Christi auf sich spürte, Trauer, als er ihn am Kreuz leiden sah, bis zu der Offenbarung, dass er selbst von diesem Augenblick an ein „sichtbares Abbild des gekreuzigten Christus“ war. Die höchste spirituelle Erfahrung macht Cigoli im schmerzhaft verklärten Antlitz des Heiligen sichtbar: Nach einer von dem Künstlerbiografen Filippo Baldinucci überlieferten Legende sah der Maler in den Zügen eines bettelnden Pilgers das Gesicht des Franziskus, wie er es malen wollte; als er sich abwandte, verschwand der Mann jedoch. Der Lichtstrahl des Seraphs beleuchtet den groben, ärmlichen Habit des Franziskus mit goldenen Reflexen und erhellt Gesicht und Hände, den nackten Felsen und das offene Buch; im Halbdunkel sind ein Totenkopf und ein Kreuz zu erkennen. Hinter dem Heiligen öffnet sich zwischen hohen Felsen und dunklen Bäumen eine tiefe Schlucht mit der Basilika von La Verna. Der Schauplatz ist genau wiedergegeben, ebenso wie das Leuchten, das dem Zeugnis der Hirten und Einwohner der Umgebung entspricht, die in jener Septembernacht des Jahres 1224 im Moment der Erscheinung an ein Feuer glaubten. Die beiden zarten Putten im oberen Teil des Bildes verleihen der ansonsten dramatischen Szene barocke Anmut.

Das signierte und 1596 datierte Gemälde aus dem Kloster Sant'Onofrio di Fuligno in Florenz ist eines der besten Beispiele für den reifen Stil Cigolis. Der Maler, ein Schüler von Alessandro Allori, experimentierte seit den 1590er Jahren mit neuen künstlerischen Stilmitteln in der Wiedergabe von Farbe und Licht. Sein Bemühen um mehr Dramatik, Wahrhaftigkeit und Schönheit entsprach den Forderungen der katholischen Reform. *ABM*

SACELLUM SACRORUM STIGMATUM

ORATE PRO R.D. HORATIO GRIFFIO
HVIVS ORATORII ET CELLÆ
FVNDATORE

20

Der hl. Franziskus wird von einem Engel getröstet

Orazio Gentileschi (1563-1639)
Rom, um 1610/12
Öl auf Leinwand, 133 × 98 cm
Rom, Gallerie Nazionali d'Arte Antica, Palazzo Barberini, Inv. 1276

Ein Engel stützt Franziskus, der von der mystischen Ekstase und den Schmerzen der Stigmatisierung erschöpft ist. Der Heilige, der als *alter Christus* dargestellt ist, sinkt ohnmächtig in die Arme des geflügelten Jünglings wie Jesus in die der Jungfrau Maria. Orazio Gentileschi ließ sich von der traditionellen Ikonografie der Pietà und den Darstellungen Christi während der Passion oder als *Ecce Homo* inspirieren, um ein Bild zu schaffen, das sowohl andächtig als auch von starker emotionaler Wirkkraft ist.

Das Gemälde, das sich durch ein sehr feines und kristallines malerisches Impasto auszeichnet, ist eines der Meisterwerke des Pisaner Malers im Stile Caravaggios, vielleicht die beste der verschiedenen Fassungen, die Gentileschi diesem Thema gewidmet hat. Der Künstler, der von Roberto Longhi als „der wunderbarste Schneider und Weber, der je unter den Malern gewirkt hat" bezeichnet wurde, bildete Franziskus' durchmodellierten Körper mit äußerster Genauigkeit nach und konzentrierte sich „mit gedankenloser Selbstgefälligkeit auf ein Detail, das nicht entscheidend ist und doch an Bedeutung gewinnen will, wie die Flechtung des kräftigen Zingulums". Der Künstler studierte auch die Komposition nach der Natur und ging unmittelbar vom Modell aus: eine Arbeitsmethode, die er bereits um 1599/1600 direkt von Caravaggio gelernt hatte.

Die Begegnung mit dem lombardischen Meister hatte Gentileschis Malweise radikal verändert. Er war damals fast 40 Jahre alt und wirkte seit mehr als zwei Jahrzehnten im Dunstkreis des Spätmanierismus in Rom. Die Freundschaft zwischen den beiden Malern muss sehr eng gewesen sein, denn eine Zeit lang tauschten sie sogar Arbeitsutensilien aus, wie das „Kapuzinergewand" und das „Paar Engelsflügel", die Gentileschi 1603 an Caravaggio „verliehen" haben soll.

Unten, auf einem Felsen, ist in goldenen Buchstaben die lateinische Inschrift angebracht: „Betet für Orazio Griffi, Priester Gottes, Gründer dieses Oratoriums und dieser Kapelle." Der Auftraggeber des Gemäldes war ein Priester und päpstlicher Kantor aus Varese, der mit der römischen Kongregation von San Girolamo della Carità verbunden war, der er 1609 beigetreten war. Orazio Griffi wurde 1624 in dieser Kirche feierlich beigesetzt, nachdem er sein Leben dem Studium und der Leitung der Musikoratorien von Vallicella und San Girolamo gewidmet hatte. Das letztgenannte Oratorium für geistliche Konzerte wurde 1631 durch einen Brand zerstört und einige Jahre später von Grund auf wiederaufgebaut. Das Gemälde, das Griffi der Bruderschaft hinterlassen hatte, muss kurz darauf in den römischen Kunsthandel gelangt sein. *YP*

I
H
G
E
E
G

Ich gehe von dannen.
Lebt alle wohl!
Lebe wohl, Berg La Verna!
Lebe wohl, Berg der Engel!
Lebe wohl, mein lieber Bruder Falke:
Ich danke dir für deine Liebe zu mir.
Lebe wohl, du große vorstehende Felsplatte,
ich kann dich nun nicht mehr besuchen.
Lebe wohl, du Fels, der mich mit
seiner Wölbung umschloss
und so dem Bösen einen Streich spielte;
wir sehen uns nie wieder.

Der Abschied von La Verna
laut Bruder Massäus

21 Mystische Ekstase des hl. Franziskus

Giovanni Francesco Barbieri, gen. Il Guercino (Cento 1591 – Bologna 1666)
um 1620
Öl auf Leinwand, 121,5 × 102,5 cm
Cento, Sammlung Grimaldi Fava

Auf Wolken erscheint ein geigenspielender jugendlicher Engel dem hl. Franziskus inmitten der Ruinen eines Tempels. Die göttliche Musik begleitet und verursacht die Ekstase des Heiligen, der das ihm dargebotene Geschenk nicht zu ertragen scheint. Das Bildthema spielt auf eine Episode an, die in den *Fioretti* des heiligen Franziskus berichtet wird, aber auch in der *Zweiten Betrachtung über die heiligen Wundmale*. Sie soll sich 1224 in La Verna ereignet haben, als der Heilige, niedergeworfen durch den Schmerz seiner Wunden, den Besuch eines Engels erhielt, der sein Leiden mit seiner himmlischen Musik linderte. Guercino kannte sicherlich die hier zitierte Passage, in der es heißt, es „erschien ihm auf einmal ein Engel in herrlichem Glanze, der eine Geige in der Linken und einen Bogen in der Rechten trug. [...] Sogleich erfüllte eine solch wonnevolle Melodie seine Seele mit Süßigkeit und enthob sie jeder körperlichen Empfindung, dass er fürchtete, wie er später seinen Gefährten erzählte, wenn der Engel den Bogen wieder herabgestrichen hätte, wäre seine Seele vor unerträglicher Wonne aus dem Körper entflohen." Diese überwältigende Erfahrung erklärt auch die abschirmende Geste, die wir in Guercinos Werk auch in den mystischen Erlebnissen des heiligen Hieronymus wiederfinden, die ebenfalls mit einem Hörerlebnis verbunden sind.

Im Jahr 1620 malte Guercino ein beeindruckendes Altarbild für die Kirche San Pietro in Cento, das im Zuge der Napoleonischen Kriege nach Frankreich gelangte und sich heute im Louvre befindet. Der Gelehrte Carlo Cesare Malvasia, der das Bild in seinem Werk *Felsina pittrice* in der Künstlerbiografie Guercinos beschrieb, enthält eine Ungenauigkeit: „Er malte einen heiligen Franziskus in S. Pietro in Cento, mit einem geigenspielenden Engel, und einen anderen heiligen Benedikt." In Wirklichkeit handelte es sich, wie der Verleger bereits in der Neuauflage der *Felsina pittrice* von 1841 feststellte, um ein einziges Gemälde, auf dem beide Heilige dargestellt waren. Der Fehler deutet jedoch darauf hin, dass der Bologneser Biograf vielleicht auch eine Version kannte, die sich auf die Ekstase des heiligen Franziskus allein beschränkte.

Es gibt in der Tat drei eigenhändige, nahezu identische Gemälde Guercinos mit diesem Thema, das Gemälde im Louvre mit den beiden Heiligen nicht mitgerechnet. Eines, das wohl zeitgleich mit diesem entstanden ist,

befindet sich heute im Muzeum Narodowe in Warschau, ein anderes, das stilistisch unmittelbar nach Guercinos Rückkehr nach Rom (1623) entstanden zu sein scheint, in der Staatlichen Gemäldegalerie in Dresden, das dritte ist das hier gezeigte. Dieses Leinwandgemälde weist alle formalen, chromatischen und pastosen Qualitäten auf, um zu den sicheren Werken Guercinos gezählt zu werden, obwohl es, wie die beiden anderen, von Malvasia nicht ausdrücklich unter den Werken Guercinos genannt wird.

Ein Gemälde mit diesem Thema wurde bereits 1677 im Palazzo Massimo in Rom erwähnt. Tatsächlich gibt es Hinweise auf die Provenienz des hier gezeigten Bildes aus der Sammlung der Familie Massimo, und Nachforschungen in den Archiven dieser historischen römischen Sammlung haben belegt, dass ein *Heiliger Franziskus mit dem Engel von Guercino* unter den Gemälden war, die der Maler Agostino Toffanelli (1770-1834) für den Fürsten Camillo Massimo restaurierte. Leider ist diese Restaurierungsliste undatiert, aber falls sie nach 1818 erstellt wurde, kann ausgeschlossen werden, dass sich die Nennung auf das Warschauer Gemälde bezieht, das sich seit diesem Jahr in Polen befindet. Toffanelli arbeitete als Restaurator für die päpstlichen Sammlungen, und es ist mehr als plausibel, dass der große Auftrag für den Fürsten Massimo, der die Reinigung, das Restaurieren und die Retusche von nicht weniger als vierundsiebzig Bildern umfasste, erst erfolgte, nachdem er nicht länger mit seinen umfangreichen Arbeiten für den Vatikan beschäftigt war. *DM*

Und nachdem mir der Herr Brüder
gegeben hatte, zeigte mir niemand,
was ich tun sollte, sondern der Höchste selbst
hat mir offenbart, dass ich nach der Form des
heiligen Evangeliums leben sollte.
Und ich habe es mit wenigen Worten
und schlicht aufschreiben lassen, und
der Herr Papst hat es mir bestätigt.

Hl. Franziskus, Testament

_VI_

FRANZISKUS UND SEINE IDEALE

Gemeinschaft und Regelwerk

ut curent debeat ne irascantur et conturbentur propter peccatum alicuius. quia ira et conturbatio in se et in aliu
unum de fratribus istius religionis teneantur semper habere generalem ministrum et servum totius fraternitatis
pentecostes in quo provinciales ministri teneantur semper insimul convenire ubicumque a genera
dicto ministri fuerit ordinatum. Et si aliquo tempore appareret universitati ministrorum provincialium et cu
debeat data est in nomine domini alium sibi eligere in Custodem. post Capitulum vero pentecostes ministri et Cus
vocare. De predicatoribus. fratres non predicent in Episcopatu alicuius Episcopi cum ab eo illis fuerit contradictum.
eis ab eo officium sibi predicationis concessum. Moneo quoque et exhortor eosdem fratres ut in predicatione quam
populi et gloriam cum brevitate sermonis quia verbum abbreviatum fecit dominus super terram. De ammonitione
ne corrigant eos non precipientes eis aliquid quod sit contra animam suam et regulam nostram. Fratres vero qui s
ministris in omnibus que promiserunt domino observare et non sunt contraria anime et Regule nostre. Et
debeant et possint recurrere. ministri vero caritative et benigne eos recipiant et tantam familiarit
sint servi omnium fratrum. Moneo vero et exhortor in domino ihesu christo ut caveant fratres ab omni superbia. van
eos litteras. litteras discere. Set attendant quod super omnia desiderare debent habere spiritum domini et
infirmitate et diligere eos qui nos persequuntur et reprehendunt et arguunt quia dicit dominus diligite
iustitiam quoniam ipsorum est Regnum celorum. Qui autem perseveraverit usque in finem hic salvus erit.
consortia vel consilia mulierum et ne ingrediantur monasteria monacharum preter illos quibus a sede apostolica co
scandalum oriatur. De euntibus inter Sarracenos et alios infideles. Quicumque fratrum divina inspiratio
ministri vero nullis eundi licentiam tribuant nisi eis quos viderint esse ydoneos ad mittendum. Ad hec
tor protector et corrector istius fraternitatis ut semper subditi et subiecti pedibus eiusdem
firmiter promisimus observemus. Nulli ergo omnino hominum liceat hanc paginam nostre confirmationis infringere
beatorum petri et pauli apostolorum eius se noverit incursurum. Dat. Lateran. iii

ro illis peccatis de quib[us] ordinatum fuerit int[er] fr[atr]es ut recurratur ad solos minist[ro]s provinciales teneantur predicti

n uero p[re]sb[yte]ri non sunt iniungi faciant p[er] alios sacerdotes ordinis sicut eis secundum deum melius uidebitur expedire

nt caritatem. De electione generalis minist[ri] huius fraternitatis et de capitulo pentecostes. Universi fr[atr]es

neantur firmit[er] obedire. Quo decedente electio successoris fiat a minist[ri]s provincialib[us] et custodibus in ca

o fuit constitutum. et hoc semel in tribus annis ul[tra] ad alium terminum maiorem ul[tra] minorem sicut a pre

edictum minist[ri] fratrum non esse sufficientem ad servitium et communem utilitatem fratrum. teneantur predicti fr[atr]es quib[us]

int singuli si uoluerint et eis expedire uidebitur eodem anno in suis custodiis semel fr[atr]es suos ad capitulum con

atrum populo penitus audeat predicare. nisi a minist[ro] generali huius fraternitatis fuerit examinatus et approba

t examinata et casta eorum eloquia. ad utilitatem et hedificationem populi annuntiando eis uitia et u[irtutes]

ione fratrum. Fr[atr]es qui sunt minist[ri] et servi aliorum fratrum uisitent et moneant fr[atr]es suos et h[umiliter] et carita[tive]

recordentur quod propter deum abnegaverunt proprias uoluntates. Unde firmit[er] precipio eis ut obediant suis

int fr[atr]es qui scirent et cognoscerent se non posse regulam spiritualiter observare ad suos minist[ro]s

int circa ipsos. ut dicere possint eis et facere sicut domini servis suis. Nam ita debet esse quod minist[ri]

dia. avaritia. cura et sollicitudine huius seculi. detractione et murmuratione. et non curent nescien

operationem. orare semper ad eum puro corde et habere humilitatem. patientiam in p[er]secutione et infir

inimicos et orate pro persequentibus et calupniantibus uos. Beati qui p[er]secutionem patiuntur. propter

res non ingrediantur monasteria monacharum. Precipio firmit[er] fr[atr]ib[us] universis ne habeant suspecta

licentia speciali. Nec fiant compatres uirorum ul[tra] mulierum. nec hac occasione inter fr[atr]es ul[tra] de fr[atr]ib[us]

int ire inter sarracenos et alios infideles petant inde licentiam a suis minist[ri]s provincialibus

iniungo minist[ri]s p[er] obedientiam ut petant a domino papa unum de sancte Romane ecclesie cardinalibus qui sit gubernato[r]

stabiles in fide catholica. paupertatem et humilitatem et sanctum euangelium domini nostri Ihesu Christi quod firmiter pro

u temerario contraire. Siquis autem hoc attemptare presumpserit indignationem omnipotentis dei et

decembris pontificatus n[ost]ri anno octavo

Libertatis tempore

Con
dicio
nes

lum et braccas et caparo-
nem usque ad cingulum
nisi eisdem ministris aliud
secundum deum aliquando videatur.

De capitulo Quintum

Mittant eos ad suos
ministros provinciales
quibus solummodo et non aliis
recipiendi fratres licentia
concedatur. De ca. Sextum

Condiciones

Si q's voluerit hanc
fr'itatem recipere et bene
venit ad fres nros. Cam
Est si h(abe)t c(apitulu)m Septimu(m)
omnia reddant et velit
ea fideliter confiteri et
usque in fine firmiter ob-
servare. Cam. Octavum
Uxores non ha-
bent vel si habent

22

S. Francisci Regula

Süddeutschland, wohl Franziskanerkloster Heilbronn, 1520
Urbanus Rebstock (Schreiber)
Tinte auf Papier, 14 × 10,5 cm
Deutsche Franziskanerprovinz

Franziskus hatte ursprünglich nie daran gedacht, aus sich und seinen Gefährten einen neuen Orden zu machen. Sein persönliches Charisma gab das Beispiel, und als einzige Richtschnur dienten die Evangelien. Doch der rasche Zuwachs der Gemeinschaft, die schon bald in die Tausende ging, machte strengere Lebensregeln nötig. 1221 verfasste Franziskus mit Hilfe von Mitarbeitern die sogenannte *Nicht-bullierte Regel*, eine Mischung von Ermahnungen, geistlichen Betrachtungen und Verhaltensregeln, die inspirierend sein sollte, jedoch in keiner Form einem rechtsverbindlichen Dokument entsprach und daher vom Papst auch nicht bulliert, d. h. mit einer *bulla* (Urkunde) bestätigt wurde. Dies geschah erst 1223 mit der *Bullierten Regel*. Sie regelt in kirchenrechtlicher Fachsprache den Eintritt von Kandidaten, Gebetszeiten und Lebensweise, Strafen für Verfehlungen und den Aufbau der Ordensleitung. Die *Bullierte Regel* ist bis heute die Grundlage des franziskanischen Lebens.

Im Jahr 1520 entstand diese Regelhandschrift, eingebunden in einen geprägten Ledereinband mit Schließe, der auf die Werkstatt des Franziskanerklosters Heilbronn verweist. Im vorderen Deckel ist ein kolorierter Holzschnitt mit der Stigmatisierung des hl. Franziskus eingeklebt. Die große, regelmäßige Schrift des Schreibers, Fr. Urbanus Rebstock, lässt das Buch trotz seines handlichen Formats nicht als ein persönliches Handbuch, sondern eher als ein Vorlesebuch charakterisieren. Interessant ist der Inhalt: Auf den Text der *Regula bullata* mit der Bulle des Papstes Honorius III. folgt nach einem Kommentar das *Testament* des hl. Franziskus, anschließend mehrere weitere erläuternde Traktate (unter anderem ein Text von Gonsalvus von Balboa, Generalminister 1304-1313, und ein Brief des Bonaventura von Bagnoregio an die Provinzialminister von 1257) und eine Passionspredigt. Den letzten Teil bildet die *Regula non bullata.*

Die Handschrift vereint also mit den beiden Regeln und dem Testament drei Schriften, die in der Franziskus-Literatur meist als in großem Widerspruch zueinander aufgefasst werden. In diesem süddeutschen Franziskanerkloster, das nur wenige Jahre später mit der Reformation aufgelöst werden sollte, stehen sie ergänzend nebeneinander. *AIN*

23

Drei Heilige aus dem Polyptychon von Montefiore dell'Aso

Carlo Crivelli (Venedig 1430/1435 – Ascoli Piceno 1495)
um 1471/72
Tempera auf Holztafel, je 74 × 54 cm
Montefiore dell'Aso, Polo Museale di San Francesco

Die drei Tafeln gehören zu einem imposanten Polyptychon mit Predella des venezianischen Malers Carlo Crivelli, von dem sich noch sechs Tafeln vor Ort erhalten haben. Sie sind heute zu einem neuen Triptychon zusammengestellt. Der ursprüngliche Altar wurde für die Minderbrüder in Montefiore dell'Aso, einer Kleinstadt in den Marken, von der Adelsfamilie der Partini (oder Portino) da Montefiore in Auftrag gegeben.

Das Hauptgeschoss des fünfjochigen Polyptychons wird rekonstruiert mit vier Tafeln mit stehenden Heiligen – Katharina, Petrus, Franziskus und Magdalena – zu Seiten einer thronenden Madonna mit Kind. Neun kleinere Tafeln mit Heiligen, die heute auf verschiedene Museen verstreut sind, bildeten die Predella. Im Auszug rahmten die drei hier ausgestellten Heiligen – ein heiliger Franziskaner und Klara links, Ludwig und eine weitere verlorene Figur rechts – einen Schmerzensmann mit Engeln, der sich heute in der National Gallery in London befindet. Der lesende Franziskaner gilt traditionell als Johannes Duns Scotus, es scheint jedoch überzeugender, dass es sich um den hl. Antonius von Padua handelt. Bei dem verlorenen Heiligenbild dieser Reihe könnte es sich nach De Luca um die hl. Elisabeth von Ungarn gehandelt haben, die gemeinsam mit Ludwig von Toulouse zur Verbreitung der franziskanischen Armutsbewegung in den Herrscherhäusern Europas beigetragen hatte.

Wie die Auswahl der dargestellten Heiligen nahelegt, zelebriert das Polyptychon die franziskanische Zusammengehörigkeit. Es fügt sich in eine dichte Reihe grandioser Altarbilder ein, die Crivelli für die Franziskanerklöster der Marken malte. Als das Werk noch komplett erhalten und von einem prächtigen, geschnitzten und vergoldeten Holzrahmen mit Wimpergen und Ziergiebeln umgeben war – ähnlich dem Polyptychon in der Kathedrale von Ascoli Piceno von 1473 –, mag es eines der beeindruckendsten Werke des venezianischen Malers überhaupt gewesen sein. Die Raffinesse der von den Heiligen getragenen modischen Kleidung, die sorgfältige Darstellung venezianischer bestickter Samtstoffe, die Pracht der bischöflichen Gewänder des hl. Ludwig sowie die Darstellung des Schmucks, für die Crivelli verschiedene Techniken der Goldverarbeitung anwendete: All dies macht aus diesem Polyptychon ein unglaublich wirkungsvolles Zeitzeugnis für die Mode des späten Quattrocento. Auch die Ergebnisse der Analysen der Tafeln von Montefiore dell'Aso im Rahmen der aktuellen Restaurierung bezeugen die sorgfältige Arbeit des Malers bei diesem anspruchsvollen Werk. Die mit Stift und Pinsel ausgeführten Vorzeichnungen für die plastische Gestaltung der Personen und die perfekte Ausarbeitung der Details weisen nur geringfügige Pentimenti, also nachträgliche Verbesserungen, auf. Zur weiteren Aufwertung trägt auch die zusätzliche Verzierung des Goldgrundes durch Gravuren der Metallauflagen bei. Die der spätgotischen venezianischen Malerei eigene Pracht verbindet sich hier zudem mit einer wirkungsvollen psychologischen Interpretation: Hier werden mit außergewöhnlicher Intensität verschiedene Menschentypen geschildert, was sich im blassen Gesicht des hl. Ludwig, an dessen Schläfe eine pulsierende Ader ihm zusätzliche Feinheit verleiht, ebenso offenbart wie in dem leicht abwesenden Gesichtsausdruck der hl. Klara, eingefasst zwischen der weißen Haube und dem schwarzen Schleier. *SP*

Capelli di S. Chiara
Scarpa portata da S. Francesco stigmatizzato
Veste

Gomitolo filato da S. Chiara
Breviario di S. Francesco
Tonaca e mantello di S. Chiara

24

Antonius von Padua

Niederlande (?), um 1600
Öl auf Holz, 220 × 110 cm
Deutsche Franziskanerprovinz

Vor einem dunklen Hintergrund mit Draperie tritt der hl. Antonius monumental hervor. Die schräge Lichtführung erhellt seinen Franziskanerhabit mit dem Gürtelstrick. Die rechte Hand hat der Heilige ergriffen auf die Brust gelegt, den Kopf wendet er der Erscheinung der Taube des Heiligen Geistes links oben zu. Die linke Hand hält seine Attribute: eine Lilie als Zeichen der Keuschheit sowie ein Buch, über dem eine Flamme lodert.

Der Heilige aus einer portugiesischen Adelsfamilie (um 1195-1231) war als Augustiner-Chorherr und geweihter Priester hochgebildet und redegewandt, schloss sich dann aber unter dem Ordensnamen Antonius den Franziskanern an. Als charismatischer Prediger und einflussreicher Theologe prägte er den jungen Orden und wurde bereits elf Monate nach seinem Tod heiliggesprochen. Bevor mit der Gegenreformation die beliebte Darstellung der legendären Erscheinung des Jesuskindes die Antonius-Ikonografie dominierte, wurde der Heilige meist mit den auch hier gezeigten Attributen dargestellt. Das Buch und die Heiliggeisttaube stehen für seine göttlich inspirierte Gelehrsamkeit, die Flamme für seine glühende Gottesliebe und entflammende Redekunst.

Obwohl nur wenig jünger als Franziskus selbst, den er auch persönlich kannte, steht Antonius für eine grundlegende Neuausrichtung der franziskanischen Bewegung. Hatte Franziskus noch den Erwerb von Bildung ähnlich kritisch gesehen wie die Anhäufung von Besitz, so traten nun zunehmend gut ausgebildete Männer in den Orden ein, die nicht mehr bereit waren, sich von ihrem bisherigen Leben gänzlich abzuwenden. Vielmehr stellten sie ihre Fähigkeiten, ihre Kenntnisse und gesellschaftlichen Verbindungen in den Dienst des Ordens, besetzten kirchliche Ämter und theologische Lehrstühle und verhalfen so der Bewegung zum Durchbruch.

Das Gemälde kam erst 1950 als testamentarische Stiftung des Münchner Theologieprofessors Franz Xaver Walter (1870-1950) in das Franziskanerkloster St. Anna. Die tradierte Zuschreibung an den venezianischen Renaissancemaler Bartolommeo Vivarini um 1480 ist nicht korrekt; mit den malerischen, voluminösen Formen weist das Bild bereits frühbarocke Stilmerkmale auf. Die markanten hellen Glanzlichter auf den Hautpartien erlauben eventuell, es eher dem flämisch-niederländischen Kunstraum zuzuordnen als dem italienischen. *AIN*

25

Thronende Madonna mit Kind / hl. Hieronymus / hl. Franziskus von Assisi

Giovan Francesco da Rimini (nachweisbar in Padua ab 1441 – Bologna vor 1470), zugeschrieben
um 1450
Tempera und Vergoldung auf Holz, 111,4 × 71 / 92 × 47 / 92 × 47 cm
Perugia, Galleria Nazionale dell'Umbria, Inv. 127 / 128 / 126

Die drei zusammengehörigen Tafeln kamen im 19. Jahrhundert aus der profanierten Franziskanerkirche San Francesco al Prato ins Museum. Auf der Mitteltafel des Triptychons thront Maria mit dem für den Maler Giovan Francesco da Rimini typischen strengen Gesichtsausdruck auf einem Marmorthron, dessen Stufe die Stifterinschrift trägt: „hoc opu[s] fecit fieri lucas alb / ertus dni franciscii / p[ro] a[nim]a michiline". Der Auftraggeber, ein Luca Alberto di Francesco, hatte das Werk gestiftet für das Seelenheil einer verstorbenen Michelina, wohl seine Ehefrau. Das Jesuskind, das aufrecht auf Marias Knie steht, ist nackt bis auf eine Halskette mit Korallenamulett, wie es im Italien des Mittelalters viele Kinder zum Schutz trugen. Mit ihrer gegensätzlichen Ausrichtung – Maria nach rechts, das Jesuskind nach links – stellen die beiden Hauptfiguren einen Bezug zu den Protagonisten der beiden Seitenbilder dar.

Obwohl auf separate Tafeln gemalt, sind die beiden seitlichen Heiligen mit der Muttergottes durch den durch alle drei Bilder verlaufenden Untergrund mit rotweißem Schachbrettmuster und die Brüstung im selben Bildraum vereint. Links ist der hl. Hieronymus (um 348/349-420), der einflussreiche spätantike Kirchenlehrer, Asket und Bibelübersetzer, in der Lektüre versunken, zu seinen Füßen der kleine Löwe. Im Gegensatz zu vielen anderen Darstellungen des Heiligen enthält das Bild keinerlei Hinweise auf seine Zeit als Eremit in der syrischen Wüste, was seiner radikalen und seinerzeit umstrittenen Aufforderung zu Askese und Bußübungen persönliche Glaubwürdigkeit verlieh. Stattdessen erscheint er in der Prunkleidung eines Kardinals. Von einer ähnlichen Auffassung ist auch die Darstellung des hl. Franziskus auf der rechten Bildtafel geprägt: Der Heilige, der in Betrachtung des kleinen Stabkreuzes in seiner Hand versunken ist, trägt eine voluminöse lange Kutte, die bis auf die kleine Öffnung, die den Blick auf die Seitenwunde erlaubt, in tadellosem Zustand ist, seine Tonsur ist ordentlich rasiert und an den Füßen trägt er – entgegen aller

Lebensbeschreibungen des historischen Franziskus – Sandalen. Mit dem Streit um die Armutsfrage hatten sich jedoch viele Franziskanerkonvente diesen und ähnlichen Bequemlichkeiten geöffnet. Auch das Minoritenkloster von Perugia gehörte diesem gemäßigten Zweig der Franziskaner-Konventualen an. Dadurch sprach es eine eher wohlhabende und etablierte Gesellschaftssicht als potentielle Wohltäter an, deren Geschmack sich dann in Bildern wie diesem niederschlug.

Die beiden Heiligen Hieronymus und Franziskus werden in der italienischen Malerei des Mittelalters häufig miteinander kombiniert, meist als Begleiter der Muttergottes mit Heiligen im Bildtypus der *Sacra conversazione*, manchmal auch bei der Kreuzigung Christi. Sie stehen zum einen für das Ideal des asketischen Einsiedlers, zum anderen für den Rückbezug auf das Evangelium.

Die franziskanische Frömmigkeit trug stark dazu bei, die Verehrung des Jesuskindes im Spätmittelalter zu fördern. Franziskus selbst gilt aufgrund seiner Rekonstruktion des Weihnachtsgeschehens bei Greccio, als er in einer Höhle für den Weihnachtsgottesdienst mit Ochse, Esel und weiteren Requisiten die Geburt Christi den Menschen anschaulich machen wollte, gar als Erfinder der Weihnachtskrippe. *AIN*

26

Thronende Madonna mit Kind zwischen den Heiligen Hieronymus, Franziskus, Antonius von Padua und Ludwig von Toulouse

Francesco Botticini (Florenz, 1446-1497)
um 1483
Tempera und Gold auf Holztafel, 157 × 133 cm
Prato, Museo di Palazzo Pretorio, Inv. 1321

Die Tafel, die 1866 vermutlich aus dem Kloster San Francesco ins Museum gelangte, wurde durch Kühnel (1906) als Werk von Francesco Botticini identifiziert, dem Mitglied einer Künstlerfamilie, die im Florentiner Umland über 40 Jahre lang aktiv war. Auf goldenem Grund sitzt die Madonna auf einem reich ausgestalteten Thron aus Buntmarmor und stillt das Jesuskind. Zu beiden Seiten stehen vier Heilige im Halbkreis auf einer Wiese, deren Blumen wohl auf die Tugenden Mariens verweisen. Links steht im Kardinalsgewand als Kirchenlehrer der hl. Hieronymus, neben ihm Franz von Assisi mit einem Handkreuz, barfuß und mit einer durch die Kutte sichtbaren Wunde auf Rippenhöhe. Rechts neben dem Thron erscheint der hl. Antonius von Padua, ebenfalls barfuß in Franziskanerkutte und mit einer Flamme in der linken Hand, gefolgt vom hl. Ludwig von Toulouse mit Bischofsinsignien und einem prächtigen blauen, mit französischen Lilien geschmückten Pluviale über dem franziskanischen Habit. Die Darstellung dreier spezifisch franziskanischer Heiliger, kombiniert mit der Bezugnahme auf die drei Tugenden des Ordens – nämlich die durch Franziskus und Antonius verkörperte Armut, die Demut durch Ludwig und Hieronymus und die Keuschheit durch Maria – sowie der erwiesene Aufenthalt von Francesco Botticini in Prato im Dezember 1483, als der Künstler Grundstücke von den Franziskanern erwarb, führten Mannini (1990) zu der Hypothese, dass das Gemälde aus einer Niederlassung von Minderbrüdern in Prato stammt, aller Wahrscheinlichkeit nach dem Franziskanerkloster.

Bei der Gestaltung der *Sacra Conversazione* nimmt der Maler Bezug auf neuere Beispiele eines Andrea Verrocchio, bei welchem der Künstler sich nach einer ersten Grundausbildung bei seinem Vater und in der Werkstatt von Neri di Bicci weiterbildete. Er nähert sich, zumindest äußerlich, der rhythmischen Eleganz Sandro Botticellis und Filippino Lippis an und stellt eine raffinierte deskriptive Fähigkeit unter Beweis.

Wollen wir die Datierung in das Jahr 1483 akzeptieren – also nur ein Jahr vor dem Auftrag für das einzig bekannte datierte Werk des Künstlers, den Tabernakel für den Hauptaltar in der Stiftskirche Sant'Andrea in Empoli (heute im dortigen Museum) –, müssen wir allerdings aufgrund der oben erwähnten Stilentwicklung Botticinis zahlreiche Eingriffe von Helfern vermuten, die dem Werk eine archaisch anmutende Linienführung vermitteln. Diese verringert den Eindruck der Nähe Botticinis zu den flüssigen rhythmischen Linien eines Sandro Botticelli. *CGM*

27

Franziskus von Assisi mit vier Büßern

Pietro Vannucci, gen. Perugino (um 1445/1448-1523) und
Giovan Francesco Ciambella, gen. Fantasia (nachweisbar 1491-1516)
Perugia, 1499
Tempera auf Seidentaft, 106 × 50 cm
Perugia, Galleria Nazionale dell'Umbria, Inv. 349

Das Bild zeigt vor einem mit Rankenwerk verzierten Goldgrund den heiligen Franziskus mit den Attributen Buch und Kreuz, umgeben von vier knienden Betenden im Flagellantenhabit. Es wurde von der „Confraternita dei disciplinati di San Francesco", einer unter dem Patronat des Heiligen stehenden Laienbruderschaft, in Auftrag gegeben, die aus der franziskanischen Bußbewegung entstand und bereits 1260 von dem Bußprediger Raniero Fasani in Perugia ins Leben gerufen worden war. Diese fand um 1320 ihren Sitz im gleichnamigen Oratorium in der Via dei Priori. Im Jahr 1472 erhielt die Bruderschaft gemeinsame Konstitutionen mit zwei anderen Laiengemeinschaften, die eine unter dem Patronat des heiligen Dominikus und die andere unter dem des heiligen Augustinus; 1890 schlossen sich die drei Gesellschaften zur „Pio Sodalizio Braccio Fortebracci" zusammen, einer vom Adel Perugias getragenen und noch heute aktiven Wohltätigkeits- und Hilfsorganisation, in deren Eigentum sich auch das Werk befindet, das vor 1889 als Depositum der Bruderschaft in die Galleria Nazionale dell'Umbria kam.

Das Fahnenbild ist in Tempera auf rotem Seidentaft gemalt, wurde jedoch durch spätere Übermalungen mit Ölfarben verändert, insbesondere im Gesicht und an den Händen des Heiligen. Diese Ergänzungen, die wohl im 16. Jahrhundert erfolgten, waren aufgrund von Erhaltungsproblemen notwendig geworden, meist Schädigungen der Malschicht, die durch die regelmäßige Verwendung bei Prozessionen auftraten.

Aus einer Reihe von notariellen Urkunden vom Frühjahr 1499 wissen wir, dass die Bruderschaft des hl. Franziskus eine Fahne „mit Franziskus und vier Flagellanten zu seinen Füßen" bei „Maestro Pietro pentore da chastello della pieve", bei Meister Pietro, Maler aus Castello della Pieve – wie Città della Pieve, der Geburtsort Peruginos, im Mittelalter genannt wurde – in Auftrag gegeben hatte. Am 7. Mai wurde der Restbetrag an „Fantasia suo charzone", Peruginos Gesellen Giovan Francesco Ciambella, genannt Fantasia, ausbezahlt. Vermutlich war dieser auch an der Ausführung des Werks beteiligt.

Ciambella, der von 1491 bis 1516 nachweisbar ist, stand in Kontakt mit den großen Meistern, die in jenen Jahren in Perugia tätig waren. Für Perugino firmierte er als Zeuge im Vertrag für das Polyptychon der Himmelfahrt Christi in der Kirche S. Pietro, der am 8. März 1495 notariell beurkundet wurde, und im Frühjahr 1502 erhielt er zwei Raten für die Fresken im Collegio del Cambio in Perugia ausbezahlt, so dass man annimmt, dass er bei diesem für Perugino äußerst prestigeträchtigen Auftrag auch als Künstler beteiligt war. Von Pinturicchio, mit dem er mindestens seit 1499 zusammenarbeitete, wurde Fantasia dagegen 1510 mit der Vergoldung der Madonna und der Heiligen in der Kirche Sant'Andrea in Spello beauftragt.

Bescheidener sind die Aufträge, die Ciambella in Eigenregie ausführte: 1493 malte er beispielsweise ein Kruzifix für die Bruderschaft von San Domenico neu, während er in den 1510er Jahren an der Dekoration von Weinpressen und Prozessionsstangen arbeitete. Da keine dokumentierten Werke erhalten sind, ist es nicht möglich, die stilistische Charakteristik des Malers zu definieren, um damit auch seinen Beitrag an den Arbeiten aus der Werkstatt Peruginos zu identifizieren. Auch die umfangreichen Übermalungen der Bruderschaftsfahne machen es unmöglich, seinen künstlerischen Beitrag an diesem Werk zu bewerten. Dieser muss jedoch im Vergleich zu Peruginos Anteil als marginal eingestuft werden. Die Komposition ist eine getreue Nachbildung von Werken ähnlicher Art, die Perugino im Laufe seiner langen Karriere geschaffen hat, wie das Bildnis des hl. Antonius von Padua in der Pinakothek von Bettona oder das Tafelbild des seligen Giacomo della Marca in der Galleria Nazionale dell'Umbria.

Nicole Dacos vermutet, dass Ciambellas Spitzname „Fantasia" mit seiner Spezialisierung auf Dekorationselemente bizarrer und skurriler Natur, vor allem fantasievolle Grotesken, zusammenhängen könnte. In Anbetracht der archivarischen Belege für Fantasias Tätigkeit auf dem Gebiet der Vergoldung ist es daher durchaus vorstellbar, dass er für die elegante Verzierung des Goldgrundes verantwortlich war. *VP*

Schaut nicht nach dem Leben draußen!
Denn jenes nach dem Geiste ist besser.

Ich bitte euch in großer Liebe:
übt Sorgfalt mit den Almosen,
die der Herr euch gibt!

Hl. Franziskus, Mahnlied für Klara und ihre Schwestern

FRANZISKUS IN DER KUNST

FR
FRA
CISCV
PAX
HVIC

Das frühe Bild des *Poverello* von Assisi

Giovanni Morello

„Von eher kleiner, durchschnittlicher Statur, ein regelmäßiger, beinahe runder Kopf, ein leicht ovales, längliches Gesicht, eine schmale und flache Stirn, schwarze, mittelgroße Augen voller Einfachheit, die Haare ebenfalls dunkel, gerade Augenbrauen, eine proportionierte, schmale, längliche Nase, kleine, aufrechte Ohren, flache Schläfen, eine milde, aber feurige und spitze Zunge, eine kräftige aber weiche, klare und klangvolle Stimme, lückenlose Zähne, gleichmäßig und weiß, dünne, schmale Lippen, einen schwarzen, spärlichen Bart, ein dünner Hals, gerade Schultern, kurze Arme, magere Hände, lange Finger mit langen Nägeln, schlanke Beine, kleine Füße, zarte Haut, mager, grobe Kleidung, sehr wenig Schlaf, und eine sehr großzügige Hand."

So beschreibt Thomas von Celano in seiner *Vita prima*[1] das Äußere des Mönches aus Assisi. Ein weiterer Augenzeuge, Thomas von Split, später Bischof dieser Stadt – als Student in Bologna hatte er einer Predigt von Franziskus beigewohnt –, scheint die Beschreibung Celanos zu bestätigen: Er merkt an, dass der Heilige „ein schmutziges Gewand trug; eine verabscheuungswürdige Erscheinung, ein Gesicht ohne Schönheit."[2] Franziskus selbst verglich sich mit einem Huhn: „Jenes Huhn gleicht mir, klein im Körperbau, braun in der Farbgebung."[3]

Betrachtet man die ältesten Bildnisse des *Poverello*[4], scheint es keine große Übereinstimmung zwischen dem zu geben, was Thomas von Celano, der ihn persönlich gekannt hatte, in den Jahren 1228/29 schrieb, und den von Künstlern überlieferten Darstellungen.[5] Diese folgten aller Wahrscheinlichkeit nach den Hinweisen und Anforderungen der franziskanischen Gemeinschaft, welche dabei klare hagiografische Absichten hatte. Man zielte darauf ab, einmal den asketischen Aspekt, einmal den der Predigt, jedenfalls jenen eines Lebens in Armut des Franziskus hervorzuheben. Tatsächlich ging es seinen Ordensbrüdern und den ersten Malern nicht so sehr darum, ein präzises physiognomisches Porträt des Heiligen zu überliefern als vielmehr ein spirituelles.

Als wichtigste Quellen für die ersten bildlichen Darstellungen von Franziskus werden gemeinhin die Schriften von Thomas von Celano betrachtet. Diese flossen dann teilweise in die *Legenda maior* von Bonaventura da Bagnoregio ein, der damit die Erzählungen zum Leben des Heiligen quasi kanonisch werden ließ.[6]

Das älteste allgemein anerkannte, wenn auch lange umstrittene Bildnis des hl. Franziskus ist ein auf Augenhöhe gemaltes Fresko auf einem Pfeiler am Eingang der Papst Gregor dem Großen gewidmeten Kapelle im Benediktinerkloster Sacro Speco in Subiaco. (**Abb. 1**) Das Fresko, das heute einem „unbekannten Meister von San Gregorio" oder auch dem „Dritten Meister von Anagni" zugeschrieben wird[7], zeigt einen ungewöhnlichen Franziskus, „schön und helläugig",[8] ohne Stigmata und ohne Heiligenschein, mit der beidseitigen Inschrift „F[RATE]R FRA[N]CISCV[S]", was ihn zweifelsfrei zu identifizieren scheint. Dies führte zu der Annahme, dass das Gemälde vor 1224 entstanden ist, als der Heilige in der Einsiedelei von La Verna die Stigmata empfing, jedenfalls aber – aufgrund des fehlenden Heiligenscheins – vor der Heiligsprechung durch Papst Gregor IX.[9] im Jahr 1228, zwei Jahre nach Franziskus' Tod. Der zukünftige Heilige ist mit offener rechter Hand auf der Brust dargestellt, während er in der linken eine Schriftrolle trägt, auf der „PAX HVIV DOMVI" (Frieden diesem Hause) zu lesen ist: der evangelische Gruß, den Franziskus in seine *Regel* eingefügt hat. Sein freundliches Gesicht ist von einem schmalen Bart umrandet und von einer weiten Kapuze umrahmt, während sein Körper in eine weite, bis zu den nackten Füßen reichende Kutte gehüllt ist, mit einer an der Hüfte geknoteten weißen Kordel.[10] Der Umstand, dass sich das Bild von Franziskus neben einem Fresko befindet, auf dem die Weihe der Kapelle durch Kardinal Ugolino, den späteren Papst Gregor IX., dargestellt ist, lässt vermuten, dass das Bildnis anlässlich der Wahl des Kardinals zum Papst gemalt wurde. Die Überlieferung, nach der Franziskus gemeinsam mit Kardinal Ugolino in Sacro Speco weilte, stammt hingegen aus einer viel späteren Zeit.[11] Jedenfalls ist die kritische Diskussion über das Fresko noch immer in vollem Gange, und es wird darüber debattiert, ob das Bild als ein realitätsgetreues oder doch eher ein idealisierendes Porträt von Franziskus zu betrachten ist – oder ob es sich vielleicht gar um die Adaption der Figur eines Benediktinermönches handelt.[12]

Dieses Bild ist das erste, das den *Poverello* von Assisi allein zeigt, während im Lauf des 13. Jahrhunderts – und darüber hinaus – zahlreiche Tafeln entstanden, die ihn mit Szenen seines Lebens und den von ihm – auch *post mortem* – gewirkten Wundern zu sehen sind. Diese stellen quasi eine weitere „bebilderte Biografie"[13] des Heiligen von Assisi dar.

Die erste uns überlieferte, oben spitz zulaufende Tafel wurde von Bonaventura Berlinghieri gemalt und stellt den *Hl. Franziskus mit sechs Szenen aus seinem Leben* dar.[14] Sie befindet sich in der Kirche San Francesco in Pescia (Pistoia). Signatur und Jahreszahl (1235) sind im Band unter den Füßen zu sehen, welche schwarze Male von Nägeln aufweisen wie von jenen, die die Füße und Hände Christi durchbohrt hatten. (**Kat. 04**) Der

Heilige ist zentral mit hieratischem Gesichtsausdruck dargestellt. Er trägt ein langes, schwarzes Gewand, das bis zu den Füßen reicht und in der Taille mit einer weißen, in regelmäßigen Abständen geknoteten Kordel gebunden ist. (In der gängigen Interpretation ein Hinweis auf die drei Gelübde der Brüder: Gehorsam, Keuschheit und Armut.) Seine Rechte ist geöffnet und weist das schwarze Nagelmal in der Mitte der Handfläche auf, während die Linke ein Buch hält als ein Hinweis auf die Evangelien. Auf beiden Seiten der Schultern des Heiligen sind zwei eindeutig byzantinische Engel im Akt der Anbetung dargestellt. Eine kürzlich durchgeführte Restaurierung brachte die Spitze der Kapuze ans Licht, die später entfernt worden war.[15] Eines der Argumente der oft hitzigen Auseinandersetzungen, die lange Zeit zwischen den beiden Fraktionen des Ordens geführt wurden – also zwischen Konventualen und Observanten, neben die später auch die Kapuziner traten –, betraf tatsächlich die ursprüngliche Form der von dem Heiligen getragenen Kapuze: Die Kapuze war zum Symbol der Treue zu den Ursprüngen geworden und der Teilhabe an Franziskus' Lebensentscheidung, gemeinsam mit den Armen arm zu sein. Diese stülpten sich zum Schutz vor den Naturgewalten einen gefalteten Sack über den Kopf, der also nach oben spitz zulief, während dagegen eine geschneiderte runde Kapuze auf einen weniger essentiellen Lebensstil hinwies. Um anhand der Bilder zu beweisen, dass die Kapuze ursprünglich spitz und nicht rund war, wie die Konventualen mit allen Mitteln behaupteten, wurden sogar Gemälde zerstört oder Miniaturen aus Manuskripten entfernt; bei vielen erhaltenen Bildern wurde die spitze Kapuze des Heiligen erst durch Restaurierungen wiederentdeckt, wie es bei der Tafel in Pescia der Fall ist. Die sechs umgebenden Szenen auf der Tafel zeigen Episoden aus seinem Leben beziehungsweise Wunder – dieselben vier Wunder, die sich unmittelbar nach dem Tod von Franziskus an seinem Grab ereigneten und die es Gregor IX. ermöglichten, in sehr kurzer Zeit die Heiligsprechung des *Poverello* vorzunehmen.

Das Gemälde, das mehr als jedes andere den Standpunkt der Observanten (später auch „Spiritualen") bezeugt, befindet sich indes in Florenz in der Bardi-Kapelle in der Kirche Santa Croce.[16] Es zeigt das Bildnis des *Poverello*, umgeben von zwanzig Episoden aus seinem Leben. In der Giebelspitze halten zwei Engel eine Schriftrolle, die sich vom Himmel herab aufrollt und auf der zu lesen ist: „HV[N]C EXA/VDITE P[ER]/HIBENTE[M] DOGMAT/A VITE" (Hört diesem zu, dem Überbringer des Lebensdogmas).[17] (**Abb. 2**) Das Gemälde wird gemeinhin dem „Maestro del San Francesco Bardi" zugeschrieben, der eventuell mit Coppo di Marcovaldo[18] identifizierbar ist. Die Entstehungszeit liegt um das Jahr 1240. Franziskus ist hier mittig und in aufrechter Haltung frontal dargestellt. Mit der Rech-

ten deutet er eine Geste der Segnung an, mit der Linken hält er das kostbar eingebundene Evangelium an seine Brust. Ein großer Heiligenschein, golden wie der Hintergrund der Tafel, umrahmt seinen Kopf, der von einer großen Tonsur charakterisiert ist. Das bärtige Gesicht zeigt hohle Wangen und deutet auf die Entbehrungen und Leiden hin, die seine Entscheidung, dem Evangelium zu folgen, mit sich brachte. Die großen, weit geöffneten Augen blicken direkt auf den Betrachter, gerade so, als wollten sie diesen emotional in seine Lebensentscheidungen miteinbeziehen. Die zwanzig Szenen rund um seine Figur veranschaulichen diese. Ausgehend von der rechten Seite seiner Gestalt folgen acht Szenen: *Franziskus wird aus der väterlichen Gefangenschaft befreit, Verzicht auf Eigentum, Wahl des Habits, Anhörung der Verlesung des Evangeliums, Übernahme der Regel, Einrichtung der Krippe in Greccio, Vogelpredigt, Predigt für die Ungläubigen.* Unter der Figur des Heiligen befinden sich vier Felder: *Predigt mit Beispiel (I), Predigt mit Beispiel (II), Der letzte Verzicht, Stigmatisation.* In den Feldern links des Heiligen sind weitere acht Episoden lesbar: *Heilung des Bartolomeo da Narni, Danksagung der Seeleute, Überleben eines Schiffbruchs, Heiligsprechung des hl. Franziskus, Wunder an seinem Grab, Tod des hl. Franziskus, Heilung der Leprakranken, Erscheinen beim Kapitel von Arles.*

Die Bedeutung dieses umfangreichen ikonografischen Konstrukts liegt nicht so sehr in der Anzahl der Darstellungen, sondern vielmehr in der Auswahl der dargestellten Episoden, von denen einige zum ersten Mal auf dieser Art von Tafeln vorkommen. Andere stellen ein echtes Unikum dar und sind so auf anderen ähnlichen Gemälden nicht zu finden. Unter den zwanzig dargestellten Szenen ist die Krippe von Greccio hervorzuheben, die ab dem folgenden Jahrhundert große ikonografische Beliebtheit erfuhr. Das Gemälde gilt als eine Art visuelles Manifest der Strömung der Spiritualen, die – wie die von den Engeln getragene Schriftrolle bestätigt – dazu einluden, den Lebensregeln („dogmata vitae") des Heiligen zu folgen, anstatt seine Wunder hervorzuheben. Ein klarer Beweis dafür ist in der Szene der *Wahl des Habits* erkennbar, der streng mit einer spitzen Kapuze versehen ist und in Kreuzform bis zum Boden reicht, damit sollte der Wille des Heiligen unterstrichen werden, Christus nachzufolgen.

Das abgemagerte Gesicht von Franziskus findet sich ebenso auf den Gemälden von Giunta di Capitino, auch Giunta Pisano genannt, der als erster offizieller Maler des Franziskanerordens betrachtet wird. Ein bedeutendes Beispiel hierfür stellt der *Hl. Franziskus zwischen zwei Engeln und sechs Wundern* dar (**Abb. 3**), das im Museo Nazionale di San Matteo in Pisa aufbewahrt wird und aus der Stadtkirche San Francesco stammt. Der Konvent war eine der ersten franziskanischen Stiftungen der Toskana überhaupt und wird bereits 1228 urkundlich erwähnt.[19] Die ebenfalls oben spitz zulaufende Tafel kann in die Jahre 1230/35 datiert werden, ist also gleichzeitig mit jener aus Pescia oder gar etwas früher entstanden. Das Bildnis von Franziskus erscheint hier naturalistischer als auf der oben genannten Tafel, welche immer noch von einer gewissen Starrheit byzantinischer Abstammung durchdrungen ist. Gleiches gilt für die Architekturen und Figuren der Nebenszenen. Der Kopf des Heiligen ist weiträumig von einem mittels Stichel-Technik gearbeiteten Heiligenschein umgeben, die Wundzeichen der Stigmata sind rot wie Blut, nicht mehr schwarz.

Bei den beidseitig der Figur dargestellten Episoden handelt es sich links von oben nach unten um die *Heilung des Mädchens mit dem verdrehten Hals*, das *Wunder einer jungen missgebildeten Frau* und die *Heilung einer Frau mit Brustfistel.* Rechts sind drei weitere Wunder abgebildet: die *Heilung eines Lahmen*, die *Heilung eines Krüppels*, und die *Heilung einer Besessenen*. Der Künstler, der bis vor Kurzem ausschließlich als Maler bemalter Kruzifixe galt, offenbart in diesem Werk eine überzeugende erzählerische Kraft, sowohl in der Unmittelbarkeit der Gestik als auch in der emotionalen Anlage der szenischen Abfolge.

Was die Datierung betrifft, geht man davon aus, dass mindestens zwei der abgebildeten Episoden auf die Erzählungen von Thomas von Celano in seinem *Tractatus de miraculis* zurückgehen, das etwa zwischen 1250 und 1253 verfasst wurde. Dies veranlasste zu der Annahme, dass das Gemälde nicht vor der Mitte des Jahrhunderts entstanden sein könne. Diese Argumentation ist jedoch nicht zwangsläufig schlüssig, da „die in der Abhandlung erzählten Wunder den Ordensmitgliedern und – zumindest teilweise – auch den wohlinformierten Gläubigen seit langem bekannt waren."[20]

Bei den Künstlern des 13. Jahrhunderts nach Giunta Pisano, von Margaritone d'Arezzo bis Cimabue, versteifte sich das Bild des Heiligen hin zu einer etablierten ikonografischen Gestaltungsweise, die eine Darstellung der Figur des Asketen mit strengen und ausgemergelten Gesichtszügen vorsah. Mit Margarito di Magnano, auch bekannt als Margaritone d'Arezzo, kehrt die Darstellung des Heiligen von Assisi zur Einzelfigur zurück, mit einem Buch in der Hand und manchmal mit einem Kreuz in der anderen. Margarito und seine Werkstatt schufen eine umfangreiche Anzahl an bis heute erhaltenen Gemälden.[21] Der Maler ist im Jahr 1262 nachweisbar, und somit werden alle diese Tafeln der zweiten Hälfte des 13. Jahrhunderts zugeordnet.

Das Exemplar (**Kat. 02**) aus dem Museo Nazionale d'arte medievale e moderna in Arezzo, das ursprünglich aus dem Franziskanerkloster San Giovanni Battista in Sargiano in der Provinz von Arezzo stammt, gilt als Prototyp für weitere zahlreiche erhaltene Exemplare und Repliken.[22] Der Schriftzug „SANCTVS FRANCISCVS" zu beiden Seiten der Figur, wie auch

jener zu Füßen des Heiligen „MARGARIT[VS] DE ARITIO [ME] [FECI]T", der auch in späteren Werken, die mit Sicherheit der Werkstatt zugeschrieben werden können, immer weiß ist, stellt ein Element zur Identifizierung für die späteren Nachbildungen dar, die in der Gegend von Arezzo und darüber hinaus verstreut sind und bezeugt deren Verwandtschaft mit dem Vorbild.[23] Eben deshalb werden diese Bilder als „wahres Bildnis" des *Poverello* von Assisi betrachtet.[24]

Zeitgleich mit den Darstellungen des stehenden Franziskus, die von Margaritone und seiner Schule gemalt wurden, entstanden weiterhin auch Tafeln mit der Figur des Heiligen kombiniert mit Szenen aus seinem Leben oder seiner Wunder. Von besonderem Interesse, auch aufgrund der Schwierigkeiten bezüglich ihrer Zuschreibung, ist die im Museo Civico von Pistoia aufbewahrte, oben spitz zulaufenden Tafel mit der Darstellung des *Hl. Franziskus und acht Geschichten aus seinem Leben* (**Abb. 4**), deren Entstehung in der Mitte des 13. Jahrhunderts (um 1255) angesiedelt werden kann. Gewöhnlich wird das Werk zwei Autoren zugeordnet, dem „Maestro della Croce n. 434 degli Uffizi", der die Figur des Heiligen gemalt haben soll, die Szenen dagegen dem „Maestro di Santa Maria Primerana".[25] Laut Luciano Bellosi handelt es sich jedoch um das Werk eines einzigen Künstlers, und zwar Coppo di Marcovaldo.[26] Auch laut Miklós Boskovits handelt es sich um dieselbe Person.[27] Auf jeden Fall bleibt festzuhalten, wie sehr dieser Künstler den Lehren sowohl der Bardi-Tafel als auch jener aus Pescia verpflichtet zu sein scheint. Während die Figur des Heiligen mit ihrem ausgemergelten Gesicht in gewisser Weise auf die Tafel aus Pescia verweist, ist die bemalte Umrahmung der Figur, wie auf der Tafel aus der Bardi-Kapelle, mit kleinen Halbfiguren von Mönchen übersät. Interessant ist dabei auch eine Analyse der Erzählszenen. In der rechten Bilderleiste sind von oben nach unten dargestellt: *Absegnung der Regel durch Papst Innozenz III., Predigt des hl. Franziskus, Der hl. Franziskus heilt ein Mädchen an seinem Grab, Heilung eines Krüppels und eines Leprakranken;* links erscheinen von oben nach unten dagegen folgende Szenen: *Stigmatisation des hl. Franziskus, Begräbnis des Heiligen, Heilung von Bartolomeo da Narni, Der hl. Franziskus befreit eine Frau aus Narni vom Teufel.* Viele dieser Episoden sind auch auf dem Bardi-Altarbild abgebildet. Der direkteste Zusammenhang besteht jedoch mit der Tafel aus Pescia, wo beispielsweise die Episode der *Heilung von Bartolomeo da Narni* sowohl in der Komposition, als auch bezüglich der Charakterisierung direkt kopiert zu sein scheint.

Neben den oben spitz zulaufenden Tafeln mit Franziskus zwischen Szenen aus seinem Leben begann man ab Mitte des 13. Jahrhunderts auch mit der Herstellung rechteckiger Tafeln mit der gleichen Bildstruktur. Sie entstanden wahrscheinlich als Frontale für Altäre, wie jene Tafeln, die

im Museo del Tesoro del Sacro Convento von Assisi und in der Vatikanischen Pinakothek aufbewahrt werden. Erstere, ein Werk von Giunta di Capitino aus den Jahren 1250/55, stellt den *Hl. Franziskus und vier Wunder post mortem* dar. In der Mitte ist frontal der Heilige zu sehen, der in der linken Hand ein aufgeschlagenes Buch hält mit den Worten Jesu an den reichen jungen Mann (Mt 19,21): „SI VIS PERFECTVS ESSE VADE ET VENDE OMNIA QVE HABES ET DA PAVPERIBVS" (Möchtest du vollkommen sein, so verkaufe all deine Habe und schenke den Erlös den Armen).[28] Auf beiden Seiten der Figur sind vier Geschichten von Wundern, die nach dem Tod des Heiligen geschahen, dargestellt: oben links das *Mädchen mit dem verdrehten Hals*, unten die *Heilung des Bartolomeo da Narni*; rechts oben dagegen die *Befreiung der Besessenen* und die *Heilung eines Krüppels*.[29]

Es wurde zu Recht angemerkt, dass diese „historisierenden Tafeln", die sich nach der Heiligsprechung von Franziskus verbreiteten, das überlieferten, was man als sein Porträt betrachtete. Die Darstellung der Episoden seines Lebens dagegen steigerten nicht nur seinen Kult, sondern sie waren auch eine Art bildliche Reaktion gegenüber den feindseligen, skeptischen Stimmen bezüglich der Wunder des Heiligen.[30]

Cimabue kehrt dann zum Bildnis der isolierten Figur des Heiligen von Assisi in aufrechter und frontaler Position zurück, wie auf dem Fresko der Unterkirche der Basilika von Assisi aus der Zeit zwischen 1265 und 1290. (**Abb. 5**) Es zeigt die *Thronende Madonna mit Kind zwischen vier Engeln* und den *Hl. Franziskus*. Ein bemerkenswertes Detail ist das zerrissene Gewand, dank dessen die Stigmata an der Seite sichtbar werden. Ein Detail, das später in der ebenfalls Cimabue zugeschriebenen Kopie, die heute in Assisi im Museum Santa Maria degli Angeli aufbewahrt wird, verschwand – ein vielsagender Hinweis auf die Kontroversen, welche die franziskanische Gemeinschaft durch die verstörende Neuheit der Stigmata erregten.

Das dominierende Erscheinen von Giotto di Bondone in der Kunstszene sollte die ikonografische Tradition des asketischen Heiligen revolutionieren und führte gleichzeitig zum Aussterben der illustrierten Tafeln.[31] Tatsächlich verzichtet sein Freskenzyklus in der Oberkirche der Basilika von Assisi auf die Darstellung eines abgezehrten und leidenden Heiligen. Stattdessen präsentiert er einen Mann mit einem hübschen Gesicht, geradezu strahlend von Schönheit – nicht nur der geistigen, sondern auch der physischen. So, als wollte er die Verklärung des *Poverello*, die sich gemäß der Überlieferung des Thomas von Celano bei seinem frommen Tod ereignete, offensichtlich machen.[32] Giotto stellt einen menschlicheren Franziskus dar, wunderschön in seiner Einfachheit, so, wie wir ihn auf den Fresken der *Geschichten aus dem Leben Franziskus'* an den Wänden der

Oberkirche von Assisi bewundern können: 27 Episoden, die unter den bedeutendsten aus der *Legenda maior* von Bonaventura ausgewählt wurden. In Assisi ereignet sich also ein stilistischer Generationswechsel zwischen den beiden Künstlern. Mit seinem Franziskuszyklus erfindet Giotto eine moderne Malerei, verursacht einen wahrhaftigen „Erdrutsch".[33] Dies gilt zu Recht als die Geburtsstunde der „westlichen" Bildkunst, mit der er seinem Vorgänger Cimabue den Rang ablief.

Zu den von Giotto gemalten Szenen, die für spätere Maler beispielhaft werden sollten, gehört zweifellos jene der Stigmatisation des hl. Franziskus, welche der Künstler später auf einer Tafel, die sich heute im Louvre befindet, und in den Fresken der Basilika Santa Croce in Florenz wiederholte. Giotto interpretierte und überarbeitete den Text der *Legenda maior* entsprechend seiner eigenen künstlerischen Eingebung und schuf so ein Vorbild, das über Jahrhunderte gültig bleiben sollte.

Die Szene der Stigmatisierung aus dem Franziskuszyklus von Assisi (**Abb. 6**) entstand zwischen 1296 und 1304: In der rauen Landschaft des Monte La Verna kniet Franziskus vor dem Christus-Seraph, der ihm am Himmel erscheint und von dem aus die Strahlen auf Hände, Füße und die Seite des Heiligen treffen. Der in der Szene ebenfalls anwesende, rechts unten kauernde Bruder Leo – offenbar mit Lesen beschäftigt – scheint das wundersame Ereignis nicht zu bemerken. Die Präsenz des treuen Begleiters von Franziskus, die Giotto vermutlich als Erster in die Erzählung der Stigmatisation einfließen lässt, ist vermutlich ein Reflex auf den handschriftlichen Nachtrag, den Bruder Leo einem Autograf des hl. Franziskus zufügte und in dem er von dem wunderbaren Ereignis berichtete.[34] Jedenfalls verspürten der Maler und seine Auftraggeber offenbar das Bedürfnis, auch den Augenzeugen des Ereignisses im Gemälde zu präsentieren, quasi als Garant für die Authentizität der geschilderten Episode.[35] Die oben spitz zulaufende Tafel im Louvre aus der Kirche San Francesco in Pisa trägt die Unterschrift „Opus Jocti Florentini". Sie geht in etwa auf das Jahr 1300 zurück. Auf ihr und auf dem Fresko der Bardi-Kapelle in Santa Croce in Florenz (ca. 1325) sind die Szenen praktisch identisch.

Der Empfang der Stigmata des hl. Franziskus war ein beispielloses Ereignis. Franziskus war der erste Mensch, der erste Heilige, der von Stigmata gekennzeichnet wurde, also durch die Nagelspuren der Kreuzigung und durch die Seitenwunde Christi. Es war nur natürlich, dass dieses Wunder auf großen Widerstand und große Zweifel stieß. Papst Gregor IX. musste erst zwei Enzykliken[36] erlassen, in denen er alle Gläubigen aufforderte, an dieses außergewöhnliche Wunder zu glauben, das Franziskus eng mit Christus durch die Leiden seiner Passion verband. ※

Mit den Stigmata Christi in seinem Fleisch wurde Franziskus praktisch zum „Herold der evangelischen Vollkommenheit", zum *Alter Christus* schlechthin, und die Szene der Stigmatisation beflügelte die Fantasie der Künstler, die das Ereignis jahrhundertelang in ihren Gemälden darstellten. Die Darstellung Giottos nach Thomas von Celano blieb die Hauptquelle für alle nachfolgenden Künstler. In der Tat berichtet Thomas in der *Vita prima*: „Während er in der Einsiedelei lebte, die nach dem Namen des Ortes „Alverna" (La Verna) genannt wird, hatte er zwei Jahre vor seinem Tod eine göttliche Vision und sah einen Mann in Gestalt eines Seraphs mit sechs Flügeln über ihm schwebend, mit ausgestreckten Händen und vereinten Füßen, an ein Kreuz genagelt. Zwei der Flügel erstreckten sich über seinem Kopf, zwei entfalteten sich zum Fliegen und zwei bedeckten den ganzen Körper. [...] Während er nichts Genaues verstand und die Neuheit dieser Vision sich in seiner Seele einprägte, begannen an seinen Händen und Füßen die gleichen Spuren der Nägel zu erscheinen, die er gerade bei dem gekreuzigten Manne gesehen hatte. Seine Hände und Füße schienen in der Mitte von Nägeln durchbohrt, deren Köpfe sowohl in den Handflächen als auch auf den Fußrücken sichtbar wurden, während die Spitzen auf der gegenüberliegenden Seite wieder hervortraten. Diese Zeichen waren nämlich an der Innenseite der Hände rund und an der Außenseite länglich und bildeten beinahe fleischige Auswüchse, als wären es umgebogene, zurückgeschlagene Nagelspitzen. Ebenso waren Spuren von Nägeln in die Füße eingeprägt, die aus dem Fleisch herausragten. Sogar die rechte Seite war wie von einem Speer durchbohrt, mit einer großen Narbe, und sie blutete häufig und benetzte die Tunika und die Unterhose mit diesem heiligen Blut."[37]

Giottos Darstellung des hl. Franziskus, der die Stigmata empfängt, prägte die folgenden Maler, die kaum von dessen Vorbild abwichen und seine ikonografische Gestaltung über zwei Jahrhunderte lang nahezu unverändert ließen. Es bedurfte des künstlerischen Genies eines Giovanni Bellini, um auf ein Meisterwerk zu stoßen, das sich erheblich von Giottos Bildnis unterscheidet: Es handelt sich um das Gemälde *Der hl. Franziskus in Ekstase*.[38] (**Abb. 7**) Vorläufig wurde es durch Meiss[39] als Darstellung der *Stigmatisation des hl. Franziskus* identifiziert, obwohl der Christus-Seraph und Bruder Leo fehlen. Tizian dagegen überarbeitet auf seinem Altarbild in der Pinacoteca Civica in Ascoli Piceno (**Kat. 18**) Giottos ikonografisches System erheblich, insbesondere die Figur Christi. Sie ist ohne Kreuz dargestellt und erscheint in einer leuchtenden Wolke, auf jeglichen Bezug zu dem Seraph wurde verzichtet. Die Darstellung der Stigmatisation des hl. Franziskus ist zweifellos das zentrale und häufigste Motiv der franziskanischen Ikonografie, auch in Werken, bei denen die Thematik auf ungewöhnlichere Weise dargestellt wird. Dies ist sicher bei Caravaggio der Fall, der den *Poverello* mehrfach darstellte und den Moment direkt nach dem wundersamen Ereignis auf neue und ikonografisch suggestive Weise interpretiert. (**Kat. 08**) Auf dem Gemälde, das im Wadworth Atheneum in Hartford in Großbritannien aufbewahrt wird (**Abb. S. 298/299**), liegt Franziskus auf dem Boden, vom Schmerz seiner Wunden und der emotionalen Belastung durch das ungeheure Ereignis erschöpft. Er wird von einem Engel getröstet, der ihn in seinen Armen hält, fast wie eine neuartige *Pietà*, zur Bekräftigung der *Imitatio Christi*.

Nachdruck aus: Francesco nell'arte da Cimabue a Caravaggio, hg. von Giovanni Morello und Stefano Papetti (Ausst.-Kat. Pinacoteca Civica, Ascoli Piceno), Cinisello Balsamo 2016, S. 17-29.

1 _ Tommaso da Celano, Vita del beato Francesco [Vita prima], ital. von Abele Caluffetti und Modesto Cerra, in: Fonti Francescane, Padua 2011, S. 304f. Als der Beschreibung von Thomas von Celano nächstliegende Darstellung von Franziskus wird gemeinhin auf jene des Freskos in der Kirche SS. Giovanni e Paolo in Spoleto hingewiesen, als „eines der ersten ikonografischen Zeugnisse" in Bezug auf den hl. Franziskus; tatsächlich geht es auf das Ende des 13. Jahrhunderts zurück: Pietro Scarpellini, Iconografia francescana nei secoli XIII e XIV, in: Francesco d'Assisi. Storia e arte, hg. von Carlo Pirovano, Mailand 1982, S. 91-126.

2 _ Thomas von Split, in: Fonti Francescane (wie Anm. 1), S. 1482; Textauszug aus: Thomae Spalatensis, Historia Pontificum Salonitanorum et Spalatensium, in: Monumenta Germaniae Historica. Scriptores, XXIX, S. 580.

3 _ Leggenda dei tre Compagni, ital. von Vergilio Gamboso und Carlo Paolazzi, in: Fonti Francescane (wie Anm. 1), S. 835.

4 _ Etwa: des „kleinen Armen", italienische liebevolle Bezeichnung für Franz von Assisi (Anm. d. Übers.).

5 _ Die Darstellung, die sich der Beschreibung Celanos am ehesten annähert, ist wohl die Tafel in der Einsiedelei in Greccio (Kopie eines älteren, heute verloren gegangenen Originals); ursprünglich unter dem Titel *Der hl. Franziskus in Tränen* bekannt, wird es korrekterweise heute mit *Der hl. Franziskus reibt sich die Augen* tituliert: bekannterweise litt Franziskus unter einem Augenleiden, das ihn fast erblinden ließ.

6 _ Bonaventura da Bagnoregio, Legenda maior (Vita di san Francesco d'Assisi), ital. von Simpliciano Olgiati, in: Fonti Francescane (wie Anm. 1), S. 591-746. – Nach der *Vita prima*, die Thomas von Celano in den Jahren 1228/29 im Auftrag von Papst Gregor IX. verfasste, wurde jener als offizieller Chronist des Mönchs aus Assisi betrachtet. Er schrieb daher die *Vita seconda* in den Jahren 1246/47 im Auftrag des Generalkapitels und schließlich noch eine dritte Biografie auf Wunsch des Generalministers Johannes von Parma in den Jahren 1252/53. Diese ist unter dem Titel *Tractatus de miraculis S. Francisci* bekannt. Alle drei stellen die Grundlage für die Franziskus-Darstellung des gesamten 13. Jahrhunderts dar. Neben diesen kanonischen Biografien kursierten auch etliche andere, sozusagen inoffiziell, wie die *Legenda trium sociorum* oder später dann die *Fioretti*. Vgl. Chiara Frugoni, Francesco e l'invenzione delle stimmate. Una storia per parole e immagini fino a Bonaventura e Giotto, Turin 1993, S. 3-49. 1263 vereinte Bonaventura, der 1258 zum Generalminister des Ordens geworden war, zusammenfassend – allerdings unter Auslassung wichtiger Passagen – die Texte von Thomas von Celano in der *Legenda maior*, die so maßgeblich für die sukzessive Ikonografie wurde, vor allem in Folge des Generalkapitels in Paris von 1266. Hier wurde festgelegt, dass ausschließlich Bonaventuras Text offiziellen Charakter besaß. Gleichzeitig wurde angeordnet, alle anderen existierenden Versionen der *Vita* zu vernichten, wie auch alle als nicht kanonisch betrachteten bildlichen Darstellungen. Diese wurden glücklicherweise zum Großteil gerettet und wurden so zu bedeutenden historischen Zeitzeugnissen. Für die erste *Vita* vgl. Thomas von Celano, Vita del beato Francesco, in: Fonti Francescane (wie Anm. 1), S. 241-349; für die zweite vgl. Thomas von Celano, Memoriale del desiderio dell'anima [Vita seconda], ital. von Saverio Colombarini, in: Fonti Francescane (wie Anm. 1), S. 355-510; für das *Tractatus* vgl. Thomas von Celano, ital. Trattato dei miracoli di san Francesco von Teodosio Lombardi und Maurizio Malaguti, in: ebd., S. 511-590.

7 _ William R. Cook, Images of St Francis of Assisi in painting, stone and glass from the earliest images to ca. 1320 in Italy. A catalogue, Florenz 1999, S. 221. Ein ähnliches, später entstandenes Tafelbild, das demselben Künstler zugeschrieben wird, befindet sich im Louvre. Der Heilige ist dort mit Stigmata und Heiligenschein dargestellt.

8 _ Chiara Frugoni, Francesco d'Assisi, in: Enciclopedia dell'Arte Medievale, VI, Rom 1995, S. 373.

9 _ Gregor IX. (Ugolino di Anagni oder dei Conti di Segni) (1227-1241). Tatsächlich weist eine Inschrift unter dem zentralen Fresko mit dem Kardinal Ugolino darauf hin, dass das Gemälde im zweiten Jahr seines am 19. März 1227 angetretenen Pontifikates entstanden ist. Einige Historiker gehen davon aus, dass das Fresko erstellt wurde, um seine Wahl auf den Thron Petri zu feiern, aber auch die Heiligsprechung von Franziskus, die zwischen dem 16. und 19. Juli 1228 stattfand: Vgl. Francesco Di Ciaccia, Francesco d'Assisi nell'arte, in: Literary 12, 2010.

10 _ Dieses Bildnis hat augenscheinlich keinen bedeutsamen Einfluss auf die ikonografische franziskanische Tradition ausgeübt, ausgenommen das schon zitierte Gemälde im Louvre. Kürzlich untersuchte man dagegen den Zusammenhang zwischen dem *Mönch Franziskus* in Subiaco und dem *Hl. Franziskus zwischen zwei Engeln* des Maestro di San Francesco (Serena Romano, Maestro di San Francesco, in: Enciclopedia dell'Arte Medievale, VIII, 1997, S. 116-119) im Museo della Porziuncola in Assisi, um 1255 (William. R. Cook, Images [wie Anm. 7], S. 67).

11 _ Francesco Mores, Alle origini dell'immagine di Francesco (Fonti e riccerche 18), Padua 2004.

12 _ Frugoni (wie Anm. 6), S. 269-275. Hier wird die lange Inschrift, in der die Datierung der Fresken der Kapelle behandelt wird, ausführlich und kritisch erörtert.

13 _ Chiara Frugoni, San Francesco. Modello di vita. Santo taumaturgo. Santo delle stimmate: Tre proposte agiografiche, in: L'arte di Francesco. Capolavori d'arte italiana e Terre d'Asia dal XIII al XV secolo, hg. von Angelo Tartuferi und Francesco D'Arelli (Ausst.-Kat. Galleria dell'Accademia, Florenz), Florenz 2015, S. 35-45, hier S. 38.

14 _ Frugoni (wie Anm. 6), S. 321-356.

15 _ Aus Anlass der Ausstellung zu Giotto in Florenz (1937), wo die Tafel zu sehen war, stellte man die Umgestaltung der links hervorstehenden Kapuze des Habits fest: Giulia Sinibaldi, San Francesco e storie della sua vita, in: Pittura italiana del Duecento e Trecento. Catalogo della mostra giottesca di Firenze del 1937, hg. von Giulia Sinibaldi und Giulia Brunetti (Ausst.-Kat. Florenz, Gallerie degli Uffizi), Florenz 1943, S. 15-19.

16 _ Frugoni (wie Anm. 6) S. 357-398.

17 _ Chiara Frugoni, Francesco un'altra storia, Genua 1988, S. 9-12.

18 _ Coppo di Marcovaldo ist der erste Maler im florentinischen Duecento, dessen Name bekannt ist. Die Zuschreibung der Bardi-Tafel ist umstritten; einige betrachten sie als ein Jugendwerk, andere lehnen diese These ab: Miklós Boskovits, Coppo di Marcovaldo, in: Dizionario Biografico degli Italiani, Bd. 28, Rom 1963, S. 631-636.

19 _ Angelo Tartuferi, Giunta di Capitino (n° 7), in: L'arte di Francesco (wie Anm. 13), S. 180-181.

20 _ Ebd., S. 180.

21 _ Paola Refice kündigt in einem Vermerk in einem Katalog, in dem vier Margaritone und seiner Werkstatt zugeordnete Tafeln vorgestellt werden, den Start einer Untersuchung zu allen bekannten „Repliken" an: Paola Recife, in L'arte di Francesco (wie Anm. 13), S. 193-197.

22 _ Anna Maria Maetzke, Nuove ricerche su Margarito d'Arezzo, in: Bollettino d'Arte 2, 1973, S. 95-112.

23 _ Francesco, il Santo. Capolavori nei secoli e dal capoluogo reatino, hg. von Anna Imponente und Mariella Nuzzo (Ausst.-Kat. Museo Civico, Rieti), Rom 2012, S. 46-48 (P. Refice)

24 _ Alessio Monciatti, Margarito. L'artista e il mito, in: Arte in terra d'Arezzo. Il Medioevo, hg. von Marco Collareta und Paola Refice, Florenz 2010, S. 213-224.

25 _ Magnolia Scudieri, Le due icone duecentesche, note storico-artistiche, in: Santa Maria Primerana, chiesa del popolo fiesolano. Le opere d'arte, hg. von A. Maria Ciardi Dupré, Florenz 1988, S. 43-50.

26 _ Luciano Bellosi, Precisazioni su Coppo di Marcovaldo, in: Tra metodo e ricerca. Contributi di storia dell'arte, Galantina 1991, S. 37-74.

27 _ Miklós Boskovits, The origins of Florentine Painting (1100-1270). Corpus of Florentine Painting, Florenz 1993, S. 99-103 und 412-427.

28 _ Laurence B. Kanter, P. Palladino, in: The Treasury of Saint Francis of Assisi, hg. von Giovanni Morello und Laurence B. Kanter (Ausst.-Kat. New York, The Metropolitan Museum of Art), Mailand 1999, S. 54-59. Man lehnte hier die Zuschreibung an Giunta ab und bevorzugte es, die Tafel einem unbekannten „Maestro del Tesoro" zuzuschreiben.

29 _ Zu einer weiteren Tafel in den Vatikanischen Museen siehe Miklós Boskovits, Giunta Pisano: una svolta nella pittura italiana del Duecento, in: Arte illustrata, 6, 1973, S. 339-352. Er schreibt Giunta auch das vatikanische Retabel zu, glaubt jedoch, dass dieses vor der Tafel aus Assisi entstanden ist.

30 _ Klaus Krüger, Der frühe Bildkult des Franziskus in Italien. Gestalt- und Funktionswandel des Tafelbildes im 13. und 14. Jahrhundert, Berlin 1992.

31 _ Von Giotto ist nur ein einziges solches Werk bekannt – und zwar das im Louvre in Paris –, auf dem unterhalb der Szene der „Stigmata" drei weitere Episoden aus dem Leben des Heiligen zu sehen sind.

32 _ „Sie hatten noch immer sein zuvor braunes Fleisch vor Augen, das jetzt in einem wunderschönen Weiß erstrahlte, einer Schönheit, die in ihm bereits die Auszeichnung der gesegneten Auferstehung verkörperte. Schließlich bewunderten sie sein Gesicht, das dem eines Engels ähnelte, als wäre er lebendig und nicht tot, und seine anderen Gliedmaßen, die weich und geschmeidig geworden waren wie die eines Kindes. [...] Während er vor Allen mit so wunderbarer Schönheit leuchtete und sein Fleisch immer strahlender wurde." (Thomas von Celano, Vita [wie Anm. 1], S. 326).

33 _ Cesare Brandi, Giotto la nascita dell'uomo moderno, in: Giotto, Mailand 2006, S. 27.

34 _ Das mit roter Tinte geschriebene Autograf von Bruder Leo befindet sich auf der Rückseite der Schriftrolle, das die Autografe des heiligen Franziskus enthält, mit den *Lodi a Dio Altissimo* und dem Text des *Segens für Bruder Leo*, eine Reliquie, die im Sacro Convento von Assisi aufbewahrt wird. Vor dem Text des *Segens* fügte Bruder Leo selbst die Nachricht vom Wunder der Stigmata hinzu; vgl. Benedizione a Frate Leone, in: Fonti Francescane (wie Anm. 1), S. 177.

35 _ Frugoni (wie Anm. 6), S. 210.

36 _ Beide Bullen wurden von Papst Gregor IX. an ein und demselben Tag, dem 31. März 1237, erlassen. Erstere mit dem Titel *Usque ad terminos*, Zweitere unter *Non minus dolens*: Sie sind veröffentlicht im Bullarium Franciscanum Romanorum pontificum constitutiones, epistolas, ac diplomata contines ..., hg. von Giovanni Giacinto Sbaraglia, Rom 1759 (rest. anast., Assisi 1983), I, S. 211, 212 und 213.

37 _ Thomas von Celano, Vita (wie Anm. 1), S. 313.

38 _ Giovanni Bellini, Der heilige Franziskus in Ekstase. New York, The Frick Collection.

39 _ Millard Meiss, Giovanni Bellini's St. Francis in the Frick Collection, Princeton 1964.

Abbildungen

1 | *Der hl. Franziskus.* Fresko in der Kapelle S. Gregorio im Benediktinerkloster Sacro Speco in Subiaco.

2 | Meister des San Francesco Bardi, *Der hl. Franziskus mit 20 Szenen aus seinem Leben.* Florenz, Santa Croce, Bardi-Kapelle.

3 | Giunta Pisano, *Der hl. Franziskus zwischen zwei Engeln und sechs Wundern.* Pisa, Museo Nazionale di San Matteo.

4 | Coppo di Marcovaldo (?), *Der hl. Franziskus und acht Geschichten aus seinem Leben.* Pistoia, Museo Civico.

5 | Cimabue, *Thronende Madonna mit vier Engeln und dem hl. Franziskus* (Detail). Fresko in der Unterkirche der Basilika von Assisi.

6 | Giotto di Bondone, *Stigmatisation des hl. Franziskus.* Fresko in der Oberkirche der Basilika von Assisi.

7 | Giovanni Bellini, *Der hl. Franziskus in Ekstase.* New York, The Frick Collection.

Das Bild des hl. Franziskus und die Anfänge der Caravaggisten in Rom

Yuri Primarosa

Meine letzte Begegnung mit Franz von Assisi begab sich auf völlig unerwartete Weise und traf mich wie ein Blitz: Im Winter 2021, in einer der düstersten Phasen der Pandemie, ging hier im Palazzo Barberini eine Anfrage des Exportbüros Genua im Auftrag der Generaldirektion des italienischen Kultusministeriums zur Bewertung einiger Kunstwerke aus dem 16. und 17. Jahrhundert ein. Im Einzelnen ging es um die Überprüfung von schon durch Kollegen genehmigten Freigabebescheinigungen einiger Gemälde. Unter diesen Werken, die ich in jener Situation nur mittels Fotografien beurteilen konnte, zog mich eines besonders in seinen Bann: *Der hl. Franziskus in Ekstase.* Dieses von einer dicken dunklen Schicht aus Schmutz und oxidierten Farben bedeckte Bild (**Abb. 2**) wurde allgemein als „Caravaggio-Schule" geführt. Es blieben nur wenige Tage Zeit, um zu verhindern, dass dieses nur scheinbar anonyme und unbedeutende Werk dem Risiko ausgeliefert wurde, Italien zu verlassen. Denn es handelte sich hier offensichtlich um eines der ersten caravaggesken Experimente des pisanischen Malers Orazio Gentileschi (1563-1639). Es entstand in den ersten Jahren des 17. Jahrhunderts und ist also von den Reifewerken des Künstlers, welche sich durch leuchtende Farben und klare, kompakte Formen auszeichnen, weit entfernt: Dieser *Hl. Franziskus* war also ein seltenes und bedeutsames Zeugnis jenes Momentes, in dem sich der toskanische Maler an die poetischen und stilistischen Neuigkeiten des in Rom aktiven Michelangelo Merisi annäherte. Es sind vermutlich dieselben Jahre, in denen der Maler Giovanni Baglione den berühmten Gerichtsprozess gegen seine Kollegen und Rivalen Caravaggio und auch Gentileschi führte. Hierbei hat letzterer im September 1603 erklärt, seinem lombardischen Freund Caravaggio „eine Kapuzinerkutte" und ein „Paar Flügel" geliehen zu haben.[1] Wahrscheinlich handelte es sich dabei um dieselbe Kutte – gekennzeichnet durch eine markante spitze Kapuze –, die Gentileschi bei einem anderen Werk mit einem lebenden Modell verwendete: eine Arbeitsmethode, die der Maler um 1599/1600 direkt von Caravaggio erlernt haben muss.

Die Bewegung spiritueller Erneuerung, die zu Beginn des 13. Jahrhunderts durch den Heiligen aus Assisi inspiriert wurde, beeinflusste lange die Künste – deutlich über die von Giotto initiierte heroische Stilrichtung hinaus, die schließlich in die italienische Renaissance mündete. Die radikale franziskanische Botschaft, Grundlage einer neuen humanistischen Weltanschauung, wurde zu Beginn des 17. Jahrhunderts zum Lebenselixier für die caravaggeske „Bewegung“: Ein Phänomen, das zumindest zu Beginn in engem Zusammenhang mit konkreten ethischen, religiösen und philosophischen Werten stand. Erstmals in der europäischen Kunstgeschichte führte der Wunsch nach einer neuen Armut der Kirche und das Ideal eines authentischen Lebensstils, der sich an den Prinzipien des Evangeliums orientierte, zu bewusst unidealisierten Bildern, die fest in der gegenwärtigen Realität verwurzelt waren. Der Verzicht auf Konventionen und auf die Zurschaustellung von Reichtum wurde nicht nur von den progressiveren religiösen Orden propagiert – was auch als Antwort auf die Kritikpunkte des Protestantismus geschah –, sondern gar von illustren Vertretern der römischen Adelsfamilien wie den Colonna und Barberini.

Im Verlauf des 16. Jahrhunderts erfuhr die ikonografische Beliebtheit des Heiligen aus Assisi einen besonderen Aufschwung, denn in der Epoche der Gegenreformation wurde Franziskus als Stützpfeiler der modernen Kirche wiederentdeckt.[2] In der Tat entstanden in der zweiten Hälfte des Cinquecento zahlreiche Bilderzyklen mit franziskanischen Bildthemen wie auch Gemälde mit Einzeldarstellungen des Heiligen aus Assisi. Ab den 1550er Jahren trägt Franziskus auf einigen von diesen den typischen Habit der Kapuziner. Dieser Bettelorden entstand um das Jahr 1525 aus einer franziskanischen Reform heraus, die auf Initiative zweier Observanten, Mateo de Bascio und Ludovico da Fossombrone, begann. 1528 wurde der neue Orden von Papst Clemens VII. mit der Bulle *Religionis Zelus* anerkannt, die auch die Erlaubnis enthielt, einen Bart und die Kapuze zu tragen, nach der der Orden seinen Namen bekam. Nach anfänglichen Schwierigkeiten, die auch im Zusammenhang mit dem Übertritt des Generalvikars Bernardino Ochino zum Calvinismus und seiner Flucht in die Schweiz 1542 standen, verbreitete sich dieser neue franziskanische Ordenszweig erfolgreich über die gesamte italienische Halbinsel und nach der Genehmigung durch Papst Gregor XIII. im Jahre 1574 auch im Ausland. Dabei wurden Kirchen und Klöster auch mit Unterstützung bedeutender Adelsfamilien errichtet.

In diesen neuen Darstellungen des hl. Franziskus, die ihn immer in Ekstase, Buße oder Meditation zeigen, erscheint er nun also manchmal nicht im franziskanischen Habit der Konventualen, sondern in der Kapuzinerkutte. Die Nahansicht und die starken Hell-Dunkel-Kontraste, die durch den schrägen Lichteinfall noch verstärkt werden, erzeugen insbesondere bei Caravaggio (**Abb. 3**) und Gentileschi einen asketischen Realismus, der in Verbindung mit den pauperistischen Tendenzen in Rom zu Beginn jenes Jahrhunderts steht. (**Kat. 08, 20**)

Der erste bedeutsame Schritt in der künstlerischen Wende Gentileschis hin zu Caravaggio ist wohl das Gemälde *Der hl. Franziskus wird von einem Engel gestützt* in Boston (**Abb. 4**). Es könnte bereits in den Jahren 1598/99 entstanden sein, beachtet man die Berührungspunkte mit dem noch prä-caravaggesken Stil Cesare Bagliones, oder gar mit der fast schon barockisierenden Faltenlegung bei Meistern wie Lilio oder Circignani.[3] Die Gemeinsamkeiten im Faltenwurf mit denen der *Musizierenden Engel* der Kuppel von Santa Maria ai Monti (1599), die schwerelos am Himmel zu schweben scheinen, ist offensichtlich. Erstaunlich ist der stilistische Wandel zwischen diesem Gemälde – das sich in der Gestaltung der Figuren durch einfache, noch spät-manieristische Linienführung auszeichnet – und der *Taufe Jesu* in Santa Maria della Pace oder der *Beschneidung* in Ancona. Diese sind die ersten großen Altarbilder des Malers, für die wir mit dem Jahr 1607 ein genaues Datum besitzen.

Orazio Gentileschi brauchte bekanntermaßen Jahre, um sein Talent zu entfalten und um die Kunst mit den Augen eines caravaggesken „Realismus" zu betrachten, um so eine lebhafte dynamische Kreativität zu entwickeln: ein so früher, mühsamer und radikaler Wandel in der Herangehensweise an die Malerei, dass man bei näherer Betrachtung von einem ebensolchen Wandel seiner Weltanschauung ausgehen kann. Seine künstlerische Ausrichtung, geprägt von kalter Leuchtkraft und einem surrealen und poetischen Hypernaturalismus, reagierte auf die Anregungen Caravaggios (**Kat. 08**), ohne dabei je auf die gründliche Anwendung der Zeichnung und den Einfluss der toskanischen Malerei seiner Zeit zu verzichten. Auch Giulio Mancini merkt an, dass Gentileschi einer jener Künstler war, die „selbständig auf eigene und besondere Weise agierten, ohne in die Fußstapfen anderer zu treten".[4]

Um die Jahrhundertwende, nachdem es ihm schon gelungen war, sich im Rom des Papstes Clemens VIII. Aldobrandini eine solide Position als Dekorateur und Freskenmaler zu erarbeiten, ging Gentileschi bewusst das Risiko ein, neue Wege zu gehen. Der Stil eines Caravaggio ließ sich ja schließlich auch nicht wirklich mit der Freskentechnik, auf die er ja bis dahin hauptsächlich gesetzt hatte, vereinbaren. Gemeinsam mit Giovanni Baglione, Antiveduto Gramatica und Orazio Borgianni war Gentileschi in der Tat einer der wenigen vor 1575 geborenen Maler, die ihren Malstil nach ihrer Begegnung mit Caravaggio, der sich um 1595 in Rom etablierte, revolutionierten.

Sein Debut im Stile Caravaggios gab der Maler mit Gemälden für Privatleute, wie der ausdrucksstarke *Hl. Franziskus* aus den Jahren 1602-1605 (ehemals Sammlung Piasecka Johnson). Der Künstler, der gewöhnlich sehr maßvoll mit Ausdruck und „Affekten" umging, weicht hier ausnahmsweise von seinen Standards ab. Er versucht so direkt in das mystische Ereignis einzutauchen, ausgehend von einem lebenden Modell, ohne auf vorgefertigte Vorlagen zurückzugreifen. Was daraus entsteht, ist eine höchst repräsentative Momentaufnahme. Das Bild rückt den groben Stoff der Kutte und den dicken Gürtelstrick perfekt in den Fokus. Gleichzeitig erscheint das von der Ekstase verzückte Gesicht fast schon brutal, verzerrt und unidealisiert: Vielleicht zum ersten Mal versuchte Gentileschi hier, die Grenzen des Manierismus zu sprengen und so zu neuen Ausdrucksformen zu finden. Gleichzeitig verschleiert die Komposition die Schwächen des Künstlers in der Herausarbeitung komplexer perspektivischer Räume. Die Suche nach einer authentischen Wahrheit im Stile Caravaggios wird hier deutlich: die Darstellung eines mystischen Zwiegesprächs mit Gott mittels einer analytischen Annäherung.

Gentileschi kam häufig auf die Darstellung des Heiligen aus Assisi zurück. Ihm widmete er einige seiner intensivsten „protonaturalistischen" Versuche im Caravaggio-Stil. Der Maler musste sich natürlich an berühmten Vorbildern orientieren, wie an Caravaggios *Hl. Franziskus in Ekstase* aus der Gemäldesammlung des Bankiers Ottavio Costa, der sich heute in Hartford befindet (**Abb. 1, S. 298**), oder auch an der vielleicht geglücktesten Bildschöpfung seines Rivalen Baglione zu diesem Thema (**Abb. 5**). Der römische Künstler hatte diesem Bildtypus in der Tat drei Überarbeitungen gewidmet, alle während seiner kreativsten Phase: Franziskus wird hier in Form eines *alter Christus* dargestellt, in Ohnmacht gesunken und von zwei Engeln gestützt. Die Gemälde sind beinahe zeitgleich mit dem hier untersuchten *Hl. Franziskus* entstanden, ebenso wie jene Gemälde Gentileschis, die sich heute in Houston (**Abb. 6**) und Boston befinden. Dies verdeutlicht den Moment besonderer Resonanz zwischen den beiden Malern unmittelbar vor dem dramatischen Konflikt, der zu dem Gerichtsprozess von 1603 führte.[5]

Über die Funktion eines schlichten Arbeitsutensils hinaus stellte die „Kapuzinerkutte", die Gentileschi Caravaggio lieh, auch ein Objekt der Anbetung dar. Eine Art wirkmächtige Reliquie, die als heilend und beschützend galt. Diesbezüglich ist es hilfreich, daran zu erinnern, dass Kardinal Federico Borromeo schon im Oktober 1587 seinem erkrankten Bruder ein Stück einer Kapuzinerkutte geschickt hatte, deren Besitzer „sehr heilig in [jenem] Jahr verstorben sein" soll. Mit großer Wahrscheinlichkeit handelte es sich um den (im Mai verstorbenen) Kapuziner Felix von Cantalice, dessen aufgebahrter Leichnam von den Gläubigen gleich dreimal seiner Kleidung beraubt worden war, da dieser durch den Kontakt mit seinem Körper Wunderkräfte zugesprochen wurden.[6] Sogar Artemisia Gentileschi und ihr Ehemann Pierantonio Stiattesi

bezogen sich in einem Brief vom April 1620 an Francesco Maria Maringhi – dem florentinischen Liebhaber der Malerin – auf eine „Kutte des Kapuziners“[7], die die Eheleute bei sich in Rom haben wollten nach dem tragischen Tod ihres kleinen Sohnes Cristofano: ein ehrwürdiges und wundertätiges Erbstück, also alles andere als ein einfaches Malerrequisit.

Für die neuartige Interpretation des Bildes des hl. Franziskus war das Studium der Vorlagen des Cinquecento von grundlegender Bedeutung, aber auch das Wissen um einige der damals üblichen Gebets- und Bußpraktiken, wie die Totenwache der Kapuzinerbrüder neben den sterblichen Überresten ihrer verstorbenen Mitbrüder. Auch der heilige Felix von Cantalice hielt, von einem schwachen Lichtschein beim Gebet erleuchtet, Nachtwache auf dem schlichten römischen Friedhof des Ordens und entsprach so dem Darstellungsschema der Heiligenbilder bei Caravaggio, Carracci, Gentileschi und Baglione. Diese wiederum regten ihrerseits ihre ersten Besitzer zu frommen Meditationen an: „Ihr habt auf Erden eure Pflicht getan“, sagte Felix zu seinen verstorbenen Mitbrüdern, wie auch zu sich selbst. „Und im Namen der Liebe für unseren Erlöser habt ihr euch pflichtgemäß gedemütigt; und nun muss ich in eure Fußstapfen treten.“ ※

1 _ „Una veste da cappuccino che glela imprestai et un par d'ale, che la veste deve essere da diece giorni che me la remandò a casa“: Rom, Staatsarchiv, Tribunale del Governatore, Processi del sec. XVII, vol. 28bis, c. 389; zit. nach Michele Di Sivo, Uomini valenti. Il processo di Giovanni Baglione contro Caravaggio, in: Caravaggio a Roma. Una vita dal vero, hg. von Eugenio Lo Sardo, Michele Di Sivo und Orietta Verdi (Ausst.-Kat. Archivio di Stato di Roma), Rom 2011, S. 90-108, hier S. 104-105 (mit Bibliografie). Zum Thema siehe auch Yuri Primarosa, La svolta caravaggesca di Orazio Gentileschi. Un nuovo *San Francesco in estasi*, un'ipotesi sulla sua provenienza e altre proposte, in: Orazio Gentileschi e l'immagine di san Francesco. La nascita del caravaggismo a Roma, hg. von Giuseppe Porzio und Yuri Primarosa (Ausst.-Kat. Rom, Gallerie Nazionali di Arte Antica – Palazzo Barberini), Rom 2023, S. 12-45.

2 _ Pamela Askew, The angelic consolation of St. Francis of Assisi in Post-Tridentine Italian painting, in: Journal of the Warburg and Courtauld Institutes 32, 1969, S. 280-306, hier S. 280.

3 _ Erich Schleier, Orazio Gentileschis *Verspottung Christi*. Zur Neubewertung eines wiederentdeckten Bildes, in: Pantheon 51, 1993, S. 196-200; Keith Christiansen in: Orazio e Artemisia Gentileschi, hg. von Keith Christiansen und Judith Walker Mann (Ausst.-Kat. Rom, Museo Nazionale del Palazzo di Venezia / New York, Metropolitan Museum of Art / Saint Louis Art Museum), Mailand 2001, S. 50-52.

4 _ Giulio Mancini, Considerazioni sulla pittura [1617-1620], hrsg. von Adriana Marucchi und Luigi Salerno, Bd. 1, Rom 1956 (Fonti e documenti inediti per la storia dell'arte 1,1), S. 110-111.

5 _ Vgl. Christiansen 2001 (wie Anm. 3), S. 53-55.

6 _ Maurizio Calvesi, Le realtà del Caravaggio. Seconda parte (i dipinti), in: Storia dell'arte 55, 1985, S. 227-287; Alessandro Zuccari, San Felice e i luoghi d'arte cappuccini. Dal convento di San Bonaventura ai tuguri dipinti dal Caravaggio, in: Giovanni Maceroni und Anna Maria Tassi (Hg.), San Felice da Cantalice. I suoi tempi, il culto e la diocesi di Cittaducale dalle origini alla canonizzazione del santo (atti del convegno di studi storici nel IV centenario della morte di S. Felice da Cantalice, Rieti-Cantalice-Cittaducale, 28-30 settembre 1987), Rieti 1990, S. 175-223.

7 _ “C'è morto Cristofano il quale [ha] auto male undici giorni ed è morto de' bachi, che l'haviamo fatto sparre per vedere la sua malattia da che derivava“: Artemisia Gentileschi, Lettere di Artemisia. Edizione critica e annotata con quarantatre documenti inediti a cura di Francesco Solinas; con la collab. di Michele Nicolaci e Yuri Primarosa, Rom 2011, S. 54.

| 6

Abbildungen

1 | Caravaggio, *Der hl. Franziskus in Ekstase.* Hartford, Wadsworth Atheneum, The Ella Gallup Sumner and Mary Catlin Sumner Collection Fund

2 | Orazio Gentileschi, *Der hl. Franziskus in Ekstase.* Privatsammlung, courtesy Benappi Fine Art

3 | Caravaggio, *Der hl. Franziskus betet vor dem Kruzifix.* Cremona, Museo Civico Ala Ponzone

4 | Orazio Gentileschi, *Der hl. Franziskus wird von einem Engel gestützt.* Boston, Museum of Fine Arts

5 | Giovanni Baglione, *Der hl. Franziskus in Ekstase mit zwei Engeln.* Chicago, Art Institute

6 | Orazio Gentileschi, *Der hl. Franziskus erhält die Stigmata.* Houston, Museum of Fine Arts, Sarah Campbell Blaffer Foundation

Sivigliano Alloisi, Annibale Carracci's ‚St. Francis with Crucifix' rediscovered, in: The Burlington magazine 138, 1996, S. 92-95.

Giacomo Berra, Le ‚copie' del ‚San Francesco in meditazione sulla morte' del Caravaggio, in: Pietro di Loreto (Hg.), Originali, repliche, copie, Rom 2018, S. 117-125.

R. Ward Bissel, Orazio Gentileschi and the Poetic Tradition in Caravaggesque Painting, London 1981.

Caravaggio e il genio di Roma 1592-1623, hg. von Beverly Louise Brown (Ausst.-Kat. London, Royal Academy of Arts / Rom, Palazzo Venezia), Rom 2001.

Maria Vittoria Brugnoli, Un ‚San Francesco' da attribuire al Caravaggio e la sua copia, in: Bollettino d'arte 53, 1968, S. 11-15

Miles Chappell, Cristofano Allori's paintings depicting St. Francis, in: The Burlington magazine 113, 1971, S. 444-455.

Lodovico Cigoli 1559-1613. Tra manierismo e barocco, hg. von Marco Chiarini, Serena Padovani und Angelo Tartuferi (Ausst.-Kat. Florenz, Galleria Palatina), Fiesole 1992.

Anna Maria Crinò und Benedict Nicolson, Further documents relating to Orazio Gentileschi, in: The Burlington magazine 103, 1961, S. 144.

Franco Faranda, Ludovico Cardi detto il Cigoli (I professori del disegno 2), Rom 1986.

Roberto Longhi, Gentileschi padre e figlia, in: L'arte 19, 1916, S. 245-314.

Gianfranco Malafarina (Hg.), L'opera completa di Annibale Carracci (Classici dell'arte 87), Mailand 1976.

Maurizio Marini, Caravaggio „pictor praestantissimus". L'iter artistico completo di uno dei massimi rivoluzionari dell'arte di tutti i tempi (Quest'Italia 117), Rom 2001.

Lorenza Mochi Onori und Rossella Vodret Adamo (Hg.), Galleria Nazionale d'Arte Antica – Palazzo Barberini: I dipinti – catalogo sistematico, Rom 2008.

Francesco nell'arte da Cimabue a Caravaggio, hg. von Giovanni Morello und Stefano Papetti (Ausst.-Kat. Pinacoteca Civica, Ascoli Piceno), Cinisello Balsamo 2016.

Joan Lee Nissmann (Hg.), Florentine baroque art from American collections, New York 1969.

Donald Posner, Annibale Carracci. A study in the reform of Italian painting around 1590 (Studies in the history of European art 5), 2 Bde., New York 1971.

Yuri Primarosa (Hg.), Palazzo Barberini, Galleria Corsini: 100 capolavori, Mailand 2021.

L'immagine di San Francesco nella Controriforma, hg. von Simonetta Prosperi Valenti Rodinò und Claudio Strinati (Ausst.-Kat. Rom, Calcografia Nazionale), Rom 1982.

Caravaggio e i suoi. Percorsi caravaggeschi in Palazzo Barberini, hg. von Simonetta Prosperi Valenti Rodinò und Claudio Strinati (Ausst.-Kat. Rom, Galleria Nazionale d'Arte Antica – Palazzo Barberini), Neapel 1999.

Rossella Vodret Adamo u. a. (Hg.), Caravaggio. Opere a Roma: tecnica e stile, 2 Bde., Mailand 2016.

Rossella Vodret Adamo, Caravaggio 1571-1610, Mailand 2021.

Wege des Barock. Die Nationalgalerien Barberini-Corsini in Rom, hg. von Ortrud Westheider und Michael Philipp (Ausst.-Kat. Potsdam, Museum Barberini), München-London-New York 2019.

Alessandro Zuccari, La "rustica poesia" dei cappuccini: nuovi modelli francescani da Girolamo Muziano a Orazio Gentileschi, in: Orazio Gentileschi e l'immagine di san Francesco. La nascita del caravaggismo a Roma, hg. von Giuseppe Porzio und Yuri Primarosa (Ausst.-Kat. Rom, Gallerie Nazionali di Arte Antica – Palazzo Barberini), Rom 2023, S. 76-95.

LOBIOS FRANCISC

Franziskus und „Herrin Armut“ – Der Heilige von Assisi in Dantes Paradies

Maria Antonietta Terzoli

Der bekannte Dante-Experte Gorni sagte über dessen *Göttliche Komödie*: „Dante schrieb das *Inferno*, um dort Odysseus zu begegnen, und das *Paradies*, um dort den hl. Franziskus zu preisen oder, besser gesagt, um dem hl. Thomas ein Loblied auf Franziskus in den Mund zu legen: So bedeutsam sind die *canti*, die ihre Geschichte wiedergeben.“[1]

Dante widmete Franziskus im *Paradies* einen großartigen Gesang, und seine gesamte Dichtung ist darüber hinaus von einer starken franziskanischen Spiritualität durchdrungen. Auf seiner Reise ins Jenseits spricht der fiktive Dante jedoch weder mit Odysseus, was ihm sein Führer Vergil untersagt[2], noch mit Franziskus, dem er nicht einmal direkt begegnet. Er sieht ihn nur von Weitem, wie er inmitten der Seligen auf einem der höchsten Plätze der Himmelsrose thront. Er sitzt Maria gegenüber, auf der Stufe unmittelbar unter jener von Johannes dem Täufer, und vor den Heiligen Benedikt und Augustinus, den beiden anderen illustren Ordensgründern (Par. XXXII, 34-36).

Zu Dantes Zeiten war Franziskus bereits einer der populärsten christlichen Heiligen. Seine Biografie ist in unzähligen Texten überliefert, aber auch in Fresken und Gemälden, in Legenden und Andachtsgeschichten. Dante hätte eine Fülle von Erzählmaterial zur Hand gehabt, um eine direkte Begegnung mit ihm zu konstruieren. Doch findet gerade diese Begegnung nicht statt.[3]

Stattdessen wird im 11. Gesang des *Paradieses* der Lobgesang auf Franziskus einem anderen Heiligen, Thomas von Aquin, anvertraut, der als Dominikaner einem anderen Orden angehört. Auf analoge Weise lässt Dante im 12. Gesang ein Franziskaner, den hl. Bonaventura, die Lobrede auf den Ordensgründer Dominikus halten. Die Erzählungen sind auf ähnliche Weise aufgeteilt, die Lobreden sind perfekt aufeinander abgestimmt und weisen sogar dieselbe Anzahl an Versen auf, die jeweils bestimmten Themen zugeordnet sind.[4]

In seiner Lobrede auf Franziskus verwendet Thomas von Aquin bisweilen wörtlich die *Legenda maior*, eine der wichtigsten Biografien des Heiligen aus Assisi. Deren Autor ist kein anderer als Bonaventura da Bagnoregio[5], der Franziskaner, der bei Dante wiederum die Lobrede auf den hl. Dominikus hält.

SPES
KARITAS
·Ŝ PAUPTAS·

Dante greift hiermit auf die Tradition der gegenseitigen Hochachtung zurück. Gemäß dieser Tradition wurde an den Gedenktagen der beiden Heiligen (zu Dantes Zeit am 4. Oktober für Franziskus, am 5. August für Dominikus) die Laudatio auf den Gründer von einem Vertreter des jeweils anderen Ordens gehalten. Dante bezieht sich aber auch auf eine volkstümliche franziskanische Tradition, nach der die beiden Heiligen als von Gott gewollte Verfechter zur Verteidigung und Unterstützung der gefährdeten Kirche miteinander verbunden werden – der eine glühend vor Liebe wie ein Seraph, der andere strahlend vor Weisheit wie ein Cherub.[6] In diesen Worten, die der Dominikaner Thomas in der *Komödie* ausspricht, klingen auch die Äußerungen von Ubertino da Casale nach, dessen leidenschaftliche Vorträge der junge Dante im Franziskanerkloster Santa Croce in Florenz hören konnte. In seinem *Arbor vitae crucifixae Iesu* (1305) stellt Ubertino genau diese schicksalhafte Analogie zwischen den beiden Heiligen heraus.[7]

Im 11. Gesang des *Paradieses* schildert Dante Leben und Wirken des hl. Franziskus. Er wählte hierfür einige wenige Episoden aus: Franziskus' Geburt in Assisi, den Verzicht auf den Besitz seines Vaters, die Ankunft der ersten Anhänger, die Übergabe der Regel an Innozenz III. und Honorius III., den Wunsch nach dem Martyrium und den Versuch, den Sultan von Ägypten zu bekehren, die Stigmata und seinen Tod auf der nackten Erde, nachdem er seinen Brüdern die geliebte Armut angeraten hatte. Es handelt sich hierbei um eine extreme Synthese, die einige wesentliche Punkte hervorhebt und die Vorstellung einer heroischen und radikalen Heiligkeit zum Ausdruck bringt, die alles andere als unterwürfig oder versöhnlich ist.

Zunächst stellt Dante Franziskus' Verzicht auf seine Besitztümer als Rebellion gegen seinen Vater dar (Par. XI, 58-66). Allegorisch vergleicht er dies mit einer unbändigen Leidenschaft für eine Frau, die von allen verachtet wurde und nach dem Tod ihres ersten Mannes für lange Zeit Witwe blieb. Diese Vermählungsallegorie knüpft an die der franziskanischen Tradition an, die, wie Umberto Cosmo anschaulich dargelegt hat, insbesondere von dem Werk *Sacrum commercium beati Francisci cum domina Paupertate*[8] inspiriert ist. In der *Göttlichen Komödie* wird die Allegorie jedoch weiterentwickelt und die sehr enge Beziehung zwischen Franziskus und Christus, dem ersten Gemahl der Armut, in den Fokus gerückt. Die Hochzeitsmetapher wird auf die Spitze getrieben, wobei wiederholt einer gesteigerten Erotik und Körperlichkeit dieser glücklichen Liebe zwischen zwei Eheleuten Nachdruck verliehen wird – bis hin zu der ungeheuerlichen Metapher ihres Schoßes, den sich Franziskus als den letzten irdischen Ort auf dem Weg zum Himmel und zugleich als Sarg für seinen eigenen Körper wünscht und auserwählt (Par. XI, 115-117).

Die unbändige Kraft der Armut, die „heldenhaft treu und furchtlos“ [9] ist, wird von Dante sogar in Bezug auf die Mutter Jesu herausgestellt: „da selbst Maria blieb am Fuße stehen, / mit Christus weint' an seinem Kreuz im Treuen“ (Par. XI, 71-72). Im *Sacrum commercium beati Francisci* wird weiter beschrieben, wie die Armut Jesus immer unzertrennlich begleitete, solange er auf Erden weilte. Als ihn dann die Jünger verließen, stand allein sie an seiner Seite. Die Armut hat ihn nicht verlassen bis zum Tod am Kreuz.[10]

Der Vergleich mit Maria findet sich bereits in Ubertino da Casales *Arbor vitae crucifixae*, wo darauf hingewiesen wird, dass die „Herrin Armut“ („madonna Povertà“) ihren geliebten Mann auch im Augenblick des Todes nicht verlassen hat. Als die Mutter ihren Sohn aufgrund der Höhe des Kreuzes nicht mehr berühren konnte, war sie es, die ihn fester in ihren Armen hielt.[11] Dante treibt den Vergleich jedoch auf die Spitze und betont die Rolle der Armut, indem er den Grund für die fehlende körperliche Nähe Marias im Moment des Todes, nämlich die Höhe des Kreuzes, übergeht.[12]

Der heroische Ton dieser konzisen Franziskus-Biografie kommt auch in einer anderen der vielen Episoden zum Ausdruck, die aus der franziskanischen Hagiografie ausgewählt wurde: Franziskus' Versuch, den Sultan von Ägypten unter freiwilliger Annahme des Martyriums zu bekehren (Par. XI, 100-102). Mut und Standhaftigkeit werden auch in Bezug auf ein anderes Ereignis herausgestellt, nämlich ist die Pilgerreise nach Rom, die Franziskus unternahm, um den Papst um die Approbation der Ordensregel zu bitten. Franziskus brachte sein Anliegen mit dem Vertrauen eines Menschen vor, der von einem unerschütterlichen Glauben an seine Sendung getragen wird und für würdig befunden ist, der höchsten christlichen Autorität eine Regel vorzulegen, die rigoros und streng ist, aber von den authentischen Werten des Evangeliums und der ursprünglichen Kirche inspiriert wird (Par. XI, 88-93).

Der enterbte Sohn eines einfachen Kaufmannes, noch dazu mit wenig bedeutendem Vor- und Nachnamen, der kleine Mönch, der wegen seines Verhaltens außerhalb der gesellschaftlichen Konventionen verunglimpft und verspottet wurde, wird nun von einer starken königlichen Aura erhellt: „Gleich einem König kam er, Innozenz zu sagen / Sein strenges Gelübde ...“ (Par. XI, 91-92) Das hier im italienischen Original verwendete Adverb „regalmente“ wird in der gesamten *Göttlichen Komödie* nur noch ein weiteres Mal benutzt, nämlich in Bezug auf keine andere als Beatrice, die Dante zehn Jahre nach ihrem Tod im irdischen Paradies in würdevoller Pracht wiedererscheint, „gar königlich zu schaun“ (Purg. XXX, 70).[13]

Durch Dantes Betonung von Franziskus' „königlichem“ Charakter wird nachdrücklich auf Christus verwiesen, der auf schändliche Weise

als „Rex Iudaeorum“ gekreuzigt wurde (Mt 27,37) und der im *Sacrum commercium* als „König der Herrlichkeit“ („Re della gloria“) bezeichnet wird.[14] Der königliche Charakter von Franziskus ist gleich dem von Christus paradox und Heil bringend.[15] Aber Franziskus ist auch eine vollendete *Figura Christi* aufgrund der Stigmata, die er zwei Jahre vor seinem Tod in schmerzhafter nächtlicher Meditation zwischen den schroffen Felsen von La Verna empfangen hat, das „letzte Siegel“, eingeprägt in sein eigenes Fleisch (Par. XI, 106-108).

Die *Imitatio Christi* wird bereits in der franziskanischen Hagiografie mit dem hl. Franziskus verknüpft, aber Dantes Franziskus charakterisiert sich nicht durch Sanftmut und Demut, Eigenschaften, die in der bisweilen beschönigenden Legende des Armen von Assisi zunehmend vorherrschten. Er ist vielmehr, wie aufgezeigt wurde, ein kämpferischer und königlicher Heiliger, der sich der völligen Armut verschreibt, auf der seine Herrlichkeit sowie seine Nähe zu Christus und der ursprünglichen Kirche gründen.

Die Laudatio auf Franziskus, die der anerkannten kirchlichen Autorität eines Thomas von Aquin, des Verfassers der *Summa theologiae*, anvertraut wurde, ermöglichte es Dante, radikale Positionen zu verkünden, die sich den pauperistischen Vorstellungen des extremen Flügels des Franziskanerordens, dem der Spiritualen[16], annähern und sich auf dem äußerst heiklen und gefährlichen Grat zwischen kirchlicher Orthodoxie und theologischer und historischer Reflexionsfreiheit bewegen. ※

1 _ Guglielmo Gorni, Dante. Storia di un visionario, Rom/Bari 2008, S. 231: “Dante scrisse l'*Inferno* per incontrarvi Ulisse e il *Paradiso* per farvi l'elogio o, per dir meglio, per recitare, per bocca di san Tommaso, il panegirico di san Francesco: tanta è l'importanza dei canti che narrano la loro storia.“

2 _ Inf. XXVI, 72. Deutsche Übersetzung, hier und im Folgenden, nach Dante Alighieri, Die Göttliche Komödie. Aus dem Italienischen von Friedrich Freiherr von Falkenhausen, Frankfurt am Main 1974.

3 _ Erich Auerbach, Franz von Assisi in der *Komödie*, in: Ders. (Hg.), Neue Dantestudien (Istanbuler Schriften 5), Istanbul 1944, S. 72-90, hier S. 72.

4 _ Diese auffallende Analogie wurde schon häufig festgestellt und aus verschiedenen Blickwinkeln erörtert: unter den modernen Autoren siehe Umberto Bosco, San Francesco (XI del „Paradiso“), in: Ders. (Hg.), Dante vicino. Contributi e letture, Caltanissetta/Rom 1966, S. 316-341, hier S. 333; Zygmunt G. Barański, I segni di Dante, in: Ders. (Hg.), Dante e i segni. Saggi per una storia intellettuale di Dante Alighieri, Liguori/Neapel 2000, S. 41-76, hier S. 65-66; Francesco Bausi, Dante fra scienza e sapienza. Esegesi del canto XII del „Paradiso“, Florenz 2009, S. 35-37; Concetto Del Popolo, Gregorio IX e il dittico di Par. XI-XII, in: Ders. (Hg.), „Noi leggevamo un giorno ...“. Parole lingua esegesi, Alessandria 2011, S. 43-66, hier S. 43-47; Andrea Mazzucchi, Canto XI. Per una geneaologia della sapienza, in: Cento canti per cento anni. III. Paradiso, 1. Canti I-XVII, hrsg. von Enrico Malato und Andrea Mazzucchi, Rom 2015, S. 315-350, hier S. 321-331.

5 _ Bodecchi hebt die Züge der Figur des Franziskus im 11. Gesang hervor und betont insbesondere die Beziehungen zur *Legenda maior* von Bonaventura (Lucia Bodecchi, San Francesco nella Commedia di Dante. Osservazioni per una lettura di Paradiso XI, Ravenna 2013); Forcellini untersucht die Bedeutung der Schriften, auch der mystischen und theologischen, von Bonaventura und anderen franziskanischen Autoren im Hinblick auf den 11. Gesang des Paradieses und andere Figuren und Gesänge der Komödie, die mit dem hl. Franziskus in Beziehung treten wie Odysseus oder Guido da Montefeltro im 11. Gesang des *Fegefeuers* (Teodoro Forcellini, Fonti teologiche francescane della „Commedia" di Dante, Spoleto 2018).

6 _ Par. XI, 34-39.

7 _ Ubertino da Casale, Arbor vitae crucifixae Iesu, Venedig 1485 (Faksimile-Edition: Turin 1961), Vers 3; hier zitiert nach Umberto Cosmo, Le mistiche nozze di frate Francesco con madonna Povertà, in: Giornale dantesco, VI, 1898, S. 49-82 und 97-117; siehe auch ebd., S. 59-62; sowie Bosco 1966 (wie Anm. 4), S. 319.

8 _ Siehe die umfangreiche Studie von Cosmo 1898 (wie Anm. 7). Der Text von ca. 1227 existiert in lateinischer Sprache (Cod. Casanatense 3560) und in einer italienischen Fassung (Cod. Vallicelliano B. 131); siehe Sacrum commercium beati Francisci cum domina Paupertate, Opus anno domini 1227 ..., hg. von P. Eduardus Alinconiensi, Rom 1900.

9 _ Anna Maria Chiavacci Leonardi, Introduzione al canto XI, in: Dante Alighieri: Commedia, mit einem Kommentar von Anna Maria Chiavacci Leonardi, Mailand 2008 (1. Auflage 1997), S. 301-306; Kommentar S. 307-326, hier S. 316: „eroicamente fedele e impavida".

10 _ „E tu sempre inseparabilmente l'accompagnasti tutto il tempo che egli fu veduto in terra. [...] Poi quando gli eletti ed i diletti suoi tutti l'abbandonarono, tu sola ti accostasti al *Re della gloria*. Tu, fedelissima sposa e dolcissima amatrice, per un momento non ti partisti da lui. [...] Tu eri con lui nelle ingiurie che gli facevan i Giudei, negli insulti dei Farisei, negli obbrobri dei principi dei sacerdoti: con lui negli schiaffi, con lui negli sputi e nei flagelli. [...] *Non lo abbandonasti insino alla morte, alla morte della croce. Nella stessa croce denudato e spogliato, distese le braccia, e le mani confitte e i piedi, tu soffrivi con lui*" (zitiert nach Cosmo 1898 [wie Anm. 7], S. 53); Sacrum commercium 1900 [wie Anm. 8], lateinischer Text Kap. 5 und italienische Version Kap. 6, S. 11.

11 _ Ubertino da Casale 1485 (wie Anm. 7), S. 62.

12 _ Vgl. auch Bosco 1966 (wie Anm. 4), S. 326.

13 _ Bibelzitate nach Biblia Sacra vulgatae editionis, Sixti V Pont. Max. iussu recognita et Clementis VIII auctoritate edita, editio emendatissima apparatu critico instructa cura et studio Monachorum Abbatiae Pontificiae Hieronymi in Urbe Ordinis Sancti Benedicti, Marietti, S. Sedis Apostolicae typographi ac editores, Turin 1959.

14 _ Zitiert nach Cosmo 1898 (wie Anm. 7), S. 53; Sacrum commercium 1900 (wie Anm. 8), lateinischer Text (Kap. 5) und italienische Version (Kap. 6), S. 11

15 _ In seiner ausgezeichneten Interpretation des 11. Gesangs des *Paradieses* stellt Vittorio Sermonti fest, dass „es in der Komödie keine deutlicher herausgearbeitete und vollkommenere Entsprechung zu Christus als diesen königlichen Liebhaber der Entsagung" gibt (Vittorio Sermonti, XI canto, in: Ders. (Hg.), Il Paradiso di Dante, überarb. von C. Segre, Mailand 1993, S. 177-88: „Non esiste nella Commedia controfigura di Cristo più nitida e intera di questo regale amante dell'abiezione"); siehe auch Auerbach 1944 (wie Anm. 3), S. 83; Stanislao Da Campagnola, Francesco di Assisi, santo, in: Enciclopedia Dantesca, hg. von Umberto Bosco, Bd. III, Rom 1971, S. 17-23, hier S. 21; Chiavacci Leonardi (wie Anm. 9), S. 304 und 319; Lucia Battaglia Ricci, Figure di contraddizione. Lettura dell'XI canto del 'Paradiso', in: Le varie fila. Studi di letteratura italiana in onore di Emilio Bigi, hg. von Fabio Danelon, Hermann Grosser und Cristina Zampese, Mailand 1997, S. 34-50, hier S. 48f.

16 _ Dantes Sympathie für die Spiritualen in einer Zeit, in der die Kontroverse über die Armut mit Verurteilungen und Verfolgungen „besonders bittere und dramatische Züge angenommen hatte", betont insbesondere Bosco 1966 (wie Anm. 4), S. 338-341 (Zitat ebd., S. 338: „aveva assunto aspetti particolarmente aspri e drammatici").

AUTORINNEN UND AUTOREN DES KATALOGTEILS

Monica Alderotti (*MA*)
Valentino Anselmi (*VA*)
Alberica Barbolani da Montauto (*ABM*)
Marzia Casini (*MC*)
Christina Gnoni Maravelli (*CGM*)
Anna-Laura de la Iglesia y Nikolaus (*AIN*)
Christoph Kürzeder (*CK*)
Denis Mahon (*DM*)
Maria Pia Mannini (*MPM*)
Valentina Mazzotti (*VM*)
Margherita Melani (*MM*)
Stefano Papetti (*SP*)
Daniela Parenti (*DP*)
Yuri Primarosa (*YP*)

LITERATURVERZEICHNIS

Die Zitate aus Texten des hl. Franziskus und anderer zeitgenössischer Autoren sind entnommen: Dieter Berg, Leonhard Lehmann (Hg.), Franziskus-Quellen. Die Schriften des heiligen Franziskus, Lebensbeschreibungen, Chroniken und Zeugnisse über ihn und seinen Orden, Kevelaer, zweite, verbesserte Auflage 2014

KATALOGTEIL (nach Objektnummern)

02 Mario Salmi, Postille alla mostra di Arezzo, in: Commentari 2, 1951, S. 93-97, S. 169-175
- Anna Maria Maetzke, Nuove ricerche su Margherito d'Arezzo, in: Bollettino d'Arte 5, Ser. 58, 1973, S. 95-112
- Alessio Monciatti, Margarito. L'artista e il mito, in: Marco Collareta und Paola Refice (Hg.), Arte in terra d'Arezzo. Il Medioevo, Florenz 2010, S. 213-224
- Francesco, il Santo. Capolavori nei secoli e dal capoluogo reatino, hg. von Anna Imponente und Mariella Nuzzo (Ausst.-Kat. Museo Civico, Rieti), Rom 2012, S. 46-48 (P. Refice)

03 Bayerische Franziskanerprovinz (Hg.), Bavaria Franciscana Antiqua Bd. 3. Gewidmet dem 700jährigen Gedächtnis für die Anwesenheit der Franziskaner in München, 1257-1957, München 1957, S. 63

04 Giulia Sinibaldi, San Francesco e storie della sua vita, in: Pittura italiana del Duecento e Trecento. Catalogo della mostra giottesca di Firenze del 1937, hg. von Giulia Sinibaldi und Giulia Brunetti (Ausst.-Kat. Gallerie degli Uffizi, Florenz), Florenz 1943, S. 15-19
- Franca Falletti, Il San Francesco di Bonaventura Berlinghieri, in: Il tremisse pistoiese 7/2, 1982, S. 37-40
- Alain Buisine, Le premier tableau. La légende de Saint François d'Assise et ses peintres, Villeneuve-d'Ascq 1998
- Paroma Chatterjee, Francis's secret stigmata, in: Art history 35/1, 2012, S. 4, 38-61
- Benedetta Gigli, La pala di San Francesco Bardi nella Basilica di Santa Croce a Firenze, in: Città di vita 72/2, 2017, S. 207-216
- Éowyn Kerr-Di Carlo, Gold, glass and light. The Franciscan vision in representations of the stigmata, in: Chloë N. Duckworth und Anne E. Sassin (Hg.), Colour and light in ancient and medieval art (Annual Conference of the Association of Art Historians, London 2014), New York-London 2018, S. 114-131
- Laura Violi, I Berlinghieri a Lucca. Una famiglia di pittori tra firme, documenti e storiografia, in: Marco Collareta und Laura Violi (Hg.), L'artista medievale (I tempi e le forme 12), Rom 2022, S. 207-232

05 Collezione Chigi Saracini nel Palazzo di Siena. Inventario Generale, Bd. II: M-P, hg. von Miriam Fileti Mazza und Giovanna Gaeta Bertelà, Siena 2006
- Roberto Bartalini, Da Gregorio e Donato ad Andrea di Nerio. Vicende della pittura aretina del Trecento, in: Aldo Galli (Hg.), Arte in terra d'Arezzo. Il Trecento, Florenz 2005, S. 11-40
- Ada Labriola, Ricerche su Margarito e Ristoro d'Arezzo, in: Arte Cristiana 75, 1987, S. 145-160
- Alessio Monciatti, Margarito, l'artista e il mito, in: Marco Collareta und Paola Refice (Hg.), Arte in terra d'Arezzo – Il medioevo, Florenz 2010, S. 213-224
- Piero Pacini, Addenda sulla riscoperta e sulla fortuna critica di Margarito d'Arezzo, in: Città di vita 70/2, 2015, S. 171-194

06 Cesare Guasti, Alcuni quadri della Galleria Comunale di Prato descritti e illustrati con documenti inediti da Gaetano Guasti, Prato 1858, S. 11-12, Nr. VII
- Joseph Archer Crowe und Giovanni Battista Cavalcaselle, A New History of Painting in Italy from the Second to the Sixteenth Century. 3 Bde., London 1864-1866, Bd. II, S. 313, Nr. 8
- Cesare Guasti, I quadri ed altri oggetti della Galleria Comunale di Prato descritti e illustrati con documenti inediti, Prato 1888, S. 51, Nr. XIV
- Maria Pia Mannini (Hg.), Il Museo civico di Prato. Le collezioni d'arte, Florenz 1990, S. 89, Kat. 23 (mit Literatur)

- Filippino Lippi un bellissimo ingegno. Origini ed eredità nel territorio di Prato, hg. von Maria Pia Mannini (Ausst.-Kat. Antiche Stanze di Santa Caterina, Museo di Pittura Murale, Prato), Mailand-Florenz 2004, S. 30, Kat. 48
- Treasures of the city of Prato (Ausst.-Kat. Sompo Museum of Art, Tokio), Tokio 2005, S. 45, Kat. 7 (M.P. Mannini)

07 Gekürzte Fassung aus: Francesco nell'arte da Cimabue a Caravaggio, hg. von Giovanni Morello und Stefano Papetti (Ausst.-Kat. Pinacoteca Civica, Ascoli Piceno), Cinisello Balsamo 2016, S. 58-59
- Alessandro Maggiori, Dell'itinerario d'Italia e sue più notabili curiosità di ogni specie, Ancona 1832
- Egidio Calzini, Di alcune opere d'arte in S. Elpidio a Mare, in: Rassegna bibliografica dell'Arte Italiana 4, 1901, S. 188-189
- Luigi Serra, Itinerario artistico delle Marche, Rom u. a. 1922, S. 87
- Mostra della pittura veneta nelle Marche, hg. von Pietro Zampetti (Ausst.-Kat. Palazzo degli Anziani, Ancona), Bergamo 1950, S. 24
- Luigi Dania (Hg.), La pittura a Fermo e nel suo circondario, Fermo 1968, S. 18
- Sandra Di Provvido, Schede dei dipinti, in: Stefano Papetti (Hg.), Vittore Crivelli e la pittura del suo tempo nel Fermano, Mailand 1997, S. 197-265, hier S. 249/250 (mit Literatur)
- Sandra Di Provvido, Carlo Crivelli e i suoi seguaci, in: Stefano Papetti (Hg.), Beni artistici. Pittura e scultura (Atlante dei beni culturali dei territori di Ascoli Piceno e di Fermo 3), Cinisello Balsamo 2003, S. 56-83

08 Maria Vittoria Brugnoli, Un "San Francesco" da attribuire al Caravaggio e la sua copia, in: Bollettino d'Arte 53, 1968, S. 11-15
- Alessandro Zuccari, San Felice e i luoghi d'arte cappuccini. Dal convento di San Bonaventura ai tuguri dipinti dal Caravaggio, in: San Felice da Cantalice. I suoi tempi, il culto e la diocesi di Cittaducale dalle origini alla canonizzazione del santo, Tagungsband (Rieti-Cittaducale-Cantalice, 28.-30. September 1987), hg. von Giovanni Maceroni und Anna Maria Tassi, Rieti 1990, S. 175-223, hier S. 175-199
- Maurizio Marini, Caravaggio, „pictor praestantissimus", Rom 2001, S. 564
- Caravaggio. Opere a Roma. Tecnica e stile, hg. von Rossella Vodret, Giorgio Leone, Marco Cardinali, Maria Beatrice De Ruggieri und Giulia Silvia Ghia, 2 Bde., Mailand 2016, Bd. II S. 624-626
- Giacomo Berra, Le copie del "San Francesco in meditazione sulla morte" del Caravaggio, in: Originali, repliche, copie. Uno sguardo diverso sui grandi maestri, hg. von Pietro Di Loreto, Rom 2018, S. 117-125 (mit Literatur)
- Rossella Vodret, Caravaggio 1571-1610, Mailand 2021, S. 261-265

09 Joan L. Nissman, Florentine baroque art from American collections, New York 1969, S. 24
- Miles L. Chappell, Cristofano Allori's Paintings depicting St. Francis, in: The Burlington Magazine 113, 1971, S. 444-455, hier S. 444
- L'immagine di san Francesco nella Controriforma, hg. von Simonetta Prosperi Valenti Rodinò und Claudio Strinati (Ausst.-Kat. Istituto Nazionale per la Grafica, Rom), Rom 1982, S. 85
- Franco Faranda, Ludovico Cardi detto il Cigoli, Rom 1986, S. 147
- Ludovico Cigoli 1559-1613. Tra Manierismo e Barocco, hg. von Marco Chiarini, Serena Padovani und Angelo Tartuferi (Ausst.-Kat. Galleria Palatina, Florenz), Fiesole 1992, S. 98
- Caravaggio e il genio di Roma 1592-1623, hg. von Claudio Strinati (Ausst.-Kat. Palazzo Venezia, Rom), Mailand 2001, S. 108, S. 62
- Lorenza Mochi Onori und Rossella Vodret, Galleria Nazionale d'Arte Antica. Palazzo Barberini. I dipinti. Bestandskatalog, Rom 2008, S. 124
- Wege des Barock. Die Nationalgalerien Barberini Corsini in Rom, hg. von Ortrud Westheider und Michael Philipp (Ausst.-Kat. Museum Barberini, Potsdam), München-London-New York 2019, S. 134
- Orazio Gentileschi e l'immagine di san Francesco. La nascita del caravaggismo a Roma, hg. von Giuseppe Porzio und Yuri Primarosa (Ausst.-Kat. Palazzo Barberini, Rom), Rom 2023, S. 146-147
- Anna Matteoli, Lodovico Cardi-Cigoli, pittore e architetto. Fonti biograf., catalogo delle opere, documenti, bibliografia, indici analitici, Pisa 1980, S. 355
- Rossella Vodret Adamo, Primi studi sulla collezione di dipinti Torlonia, in: Storia dell'arte 82, 1994, S. 348-424, hier S. 410

10 Der Text entstand für die virtuelle Ausstellung der Uffizien „Francesco, Fratello Universale. La vita e il culto del Poverello d'Assisi nelle opere delle Gallerie degli Uffizi", kuratiert von Monica Alderotti 2020, und wird hier gekürzt wiedergegeben.
- Didier Bodart (Hg.), Rubens e la pittura fiamminga del Seicento nelle collezioni pubbliche fiorentine, Florenz 1977, S. 178, Nr. 6

11 Donald Posner, Annibale Carracci. A study in the reform of Italian painting around 1590, New York 1971, Bd. II, S. 15
- Gianfranco Malafarina, L'opera completa di Annibale Carracci, Mailand 1976, S. 94
- Sivigliano Alloisi, Annibale Carracci's "St Francis with Crucifix" rediscovered, in: The Burlington magazine 138, 1996, S. 92-95, hier S. 87

- Francesco nell'arte da Cimabue a Caravaggio, hg. von Giovanni Morello und Stefano Papetti (Ausst.-Kat. Pinacoteca Civica, Ascoli Piceno), Cinisello Balsamo 2016, S. 84-87
- Alessandro Zuccari, La „rustica poesia" dei cappuccini: nuovi modelli francescani da Girolamo Muziano a Orazio Gentileschi, in: Orazio Gentileschi e l'immagine di san Francesco. La nascita del caravaggismo a Roma, hg. von Giuseppe Porzio und Yuri Primarosa (Ausst.-Kat. Palazzo Barberini, Rom), Rom 2023, S. 76-95, hier S. 83-86

12 Der Text entstand für die virtuelle Ausstellung der Uffizien „Francesco, Fratello Universale. La vita e il culto del Poverello d'Assisi nelle opere delle Gallerie degli Uffizi", kuratiert von Monica Alderotti 2020, und wird hier gekürzt wiedergegeben.
- Miklós Boskovits, The origins of Florentine painting: 1100-1270 (A critical and historical corpus of Florentine painting 1.1: The thirteenth century), Florenz 1993, S. 402-407, 107-108
- William Robert Cook, Images of St Francis of Assisi in painting, stone and glass from the earliest images to ca. 1320 in Italy: a catalogue (Italian medieval and Renaissance studies 7), Florenz 1999, S. 108-109
- Il potere e la grazia. I santi patroni d'Europa, hg. von Alessio Geretti (Ausst.-Kat. Palazzo Venezia, Rom), Mailand u. a. 2009, S. 234-235, Nr. 8.1
- Agli albori della pittura fiorentina. La Maestà del Museo Puškin di Mosca, hg. von Angelo Tartuferi (Ausst.-Kat. Gallerie degli Uffizi, Florenz), Florenz 2011, S. 74-79, Nr. 3

13 Roberto Papini (Hg.), Catalogo della Galleria Comunale di Prato, Bergamo 1912, S. 32-33, Kat. 15-17
- Paolo d'Ancona, La miniatura fiorentina secoli XI–XVI, 2 Bde., Florenz 1914, Bd. I, S. 53
- Giuseppe Marchini (Hg.), La Galleria Comunale di Prato. Catalogo delle opere, Florenz 1958, S. 25-26
- Maria Pia Mannini (Hg.), Il Museo civico di Prato. Le collezioni d'arte, Florenz 1990, S. 74, Kat. 11
- Anna Padoa Rizzo, La Cappella dell'Assunta nel Duomo di Prato, Prato 1997, S. 101-107
- Miniatura del '400 a San Marco dalle suggestioni avignonesi all'ambiente dell'Angelico, hg. von Magnolia Scudieri und Giovanna Rasario (Ausst.-Kat. Museo di San Marco, Florenz), Florenz 2003, S. 185-188
- Laurence Kanter, Francesco di Stefano, called Pesellino, in: Fra Angelico, hg. von Laurence B. Kanter und Pia Palladino (Ausst.-Kat. The Metropolitan Museum of Art, New York), New Haven u. a. 2005, S. 269-273
- Filippo et Filippino Lippi. La Renaissance à Prato, hg. von Roberto Paolo Ciardi und Maria Pia Mannini (Ausst.-Kat. Musée du Luxembourg, Paris), Cinisello Balsamo 2009, S. 88, Kat. 4
- Maria Pia Mannini, Tempo di capolavori e scoperte, in: Prato 109, 2011, S. 49-63, hier S. 58
- Paolo Benassai (Hg.), Officina pratese. Tecnica, stile, storia (Atti del convegno, Prato, Palazzo Comunale, 6-7 dicembre 2013), Florenz 2014, S. 132-134, Kat. 3.2 (mit Literatur)

14 Adam Bartsch, The Illustrated Bartsch. Bd. 38: Italian Artists of the Sixteenth Century, New York 1983, Nr. 130-136
- Lucilla Conigliello, Vedute del Sacro Monte della Verna, Florenz 1999, Nr. 1-23

15 Der Text entstand für die virtuelle Ausstellung der Uffizien „Francesco, Fratello Universale. La vita e il culto del Poverello d'Assisi nelle opere delle Gallerie degli Uffizi", kuratiert von Monica Alderotti 2020, und wird hier gekürzt wiedergegeben.
- Maestri e botteghe. Pittura a Firenze alla fine del Quattrocento, hg. von Mina Gregori, Antonio Paolucci und Cristina Acidini Luchinat (Ausst.-Kat. Palazzo Strozzi, Florenz), Cinisello Balsamo 1992, S. 149-151
- Jean K. Cadogan, Domenico Ghirlandaio. Artist and Artisan, New Haven u. a. 2000, S. 230-236, Nr. 16

16 Iginio Benvenuto Supino, Catalogo del R. Museo Nazionale di Firenze (Palazzo del Potestà), Rom 1898, S. 449, Nr. 59
- Maud Cruttwell, Luca & Andrea della Robbia and their successors, London u. a. 1902, S. 339
- Allan Marquand, Giovanni della Robbia (Princeton monographs in art and archaeology 8), Princeton u. a. 1920, S. 148-149, Nr. 153
- Filippo Rossi, Il Museo Nazionale di Firenze – Palazzo del Bargello (Itinerari dei musei e monumenti d'Italia 9), Rom 1932, S. 28
- Paola Barocchi, Museo Nazionale del Bargello. Itinerario e guida, Florenz 1984, S. 80
- Rosalynd C. Pio, Masterpieces of the Bargello. Guide to the museum, Florenz 1992, S. 30

17 Gekürzte Fassung aus: Carmen Ravanelli Guidotti (Hg.), La Grazia dell'Arte. Collezione Grimaldi Fava. Maioliche, Cinisello Balsamo 2019, Kat. 47, S. 200-201.
- Giulio Busti und Franco Cocchi (Hg.), Museo Regionale della Ceramica di Deruta. Ceramiche di Deruta dei secoli XVII e XVIII, Perugia 2008

- Marco Cecchelli und Luigi Samoggia, Il sacro domestico. Acquasantiere italiane dal XVI al XIX secolo, Cento (Ferrara) 1999
- Mostra di acquasantiere domestiche in maiolica e terraglia dal XVI al XIX secolo. Un segno d'arte e di devozione religiosa nel territorio, hg. von Giovanni Ciarrocchi (Ausst.-Kat. Chiesa di S. Rocco, Fermo), Fermo 2001
- Charles Dominique Fuchs, Maioliche istoriate rinascimentali del Museo statale d'arte medievale e moderna di Arezzo, Arezzo 1993
- Luca Pesante, Ceramiche devozionali del XVII secolo nell'altro Lazio, in: Faenza 97, 2011, S. 37-58

18 Gekürzte Fassung aus: Francesco nell'arte da Cimabue a Caravaggio, hg. von Giovanni Morello und Stefano Papetti (Ausst.-Kat. Pinacoteca Civica, Ascoli Piceno), Cinisello Balsamo 2016, S. 62-65
- Tullio Lazzari, Ascoli in prospettiva, Ascoli Piceno 1724, S. 57-58
- Baldassare Orsini, Descrizione delle pitture, sculture, architetture ed altre cose rare della insigne città di Ascoli nella Marca, Perugia 1790, S. 109-110
- Giovanni Battista Carducci, Sulle memorie storiche e i monumenti di Ascoli, Fermo 1853, S. 128
- Stefano Papetti, Opere d'arte dalle collezioni di Ascoli Piceno: La Pinacoteca Civica e il Museo Diocesano. Scoperte, ricerche e nuove proposte, Rom 2012, S. 148-151 (mit Literatur)
- Tiziano: I volti e l'anima. Ritratti, hg. von Vittorio Sgarbi (Ausst.-Kat. Castello di Miradolo, San Secondo di Pinerolo 2013), Savigliano 2013, S. 60-63 (S. Papetti)
- Le meraviglie del Barocco nelle Marche. Bd. 1: San Severino e l'alto Maceratese, hg. von Vittorio Sgarbi und Stefano Papetti (Ausst.-Kat. San Severino Marche), Mailand 2010, S. 112-114 (S. Papetti)

19 Der Text entstand für die virtuelle Ausstellung der Uffizien „Francesco, Fratello Universale. La vita e il culto del Poverello d'Assisi nelle opere delle Gallerie degli Uffizi", kuratiert von Monica Alderotti 2020, und wird hier gekürzt wiedergegeben.
- Franco Faranda, Ludovico Cardi detto il Cigoli (I professori del disegno 2), Rom 1986, S. 65, 129-130, Nr. 22
- Roberto Contini, Il Cigoli, Soncino 1991, S. 48, Nr. 7
- Antonio Natali (Hg.), L' onestà dell'invenzione. Pittura della Riforma cattolica agli Uffizi, Cinisello Balsamo 1999, S. 14, Fig. 4

20 Roberto Longhi, Gentileschi, padre e figlia, in: L'Arte 19, 1916, S. 245-314
- R. Ward Bissell, Orazio Gentileschi and the Poetic Tradition in Caravaggesque Painting, London 1981, S. 14-17, 19, 140-141 und 144
- Caravaggio e i suoi. Percorsi caravaggeschi in Palazzo Barberini, hg. von Claudio Strinati (Ausst.-Kat. Palazzo Barberini, Rom), Neapel 1999, S. 38-41
- Orazio e Artemisia Gentileschi, hg. von Keith Christiansen und Judith W. Mann (Ausst.-Kat. Rom-New York-Saint Louis), Mailand 2001, S. 110-112
- Palazzo Barberini, Galleria Corsini. 100 capolavori, Sammlungsführer der Gallerie Nazionali di Arte Antica, hg. von Yuri Primarosa, Rom 2021, S. 110-111
- Orazio Gentileschi e l'immagine di san Francesco. La nascita del caravaggismo a Roma, hg. von Giuseppe Porzio und Yuri Primarosa (Ausst.-Kat. Palazzo Barberini, Rom), Rom 2023, S. 142-143

21 Gekürzte Fassung aus: Daniele Benati (Hg.), La Grazia dell'Arte. Collezione Grimaldi Fava. Dipinti e disegni, Cinisello Balsamo 2009, Kat. 41, S. 186-189
- Johannes Albertus Franciscus Orbaan, Documenti sul Barocco in Roma, Rom 1920, S. 516
- Massimo Pomponi, La collezione del cardinale Massimo e l'inventario del 1677, in: Marco Buonocore (Hg.), Camillo Massimo collezionista di antichità. Fonti e materiali, Rom 1996, S. 91-157, hier S. 99 Anm. 82
- Guercino. Poesia e sentimento nella pittura del '600, hrsg. von Denis Mahon, Massimo Pulini und Vittorio Sgarbi (Ausst.-Kat. Mailand, Palazzo Reale), Novara 2003, S. 250-251, Nr. 85 (D. Mahon)
- Carlo Cesare Malvasia, Felsina Pittrice, Bologna 1678 (Neuaufl. Bologna 1841), II, S. 260

22 Für wissenschaftliche Unterstützung gilt Frau Dr. Sabine Buttinger, Provinzbibliothek der Deutschen Franziskanerprovinz, aufrichtiger Dank.
- Edmund Kurten, Weitere Textzeugen für die Opuscula des hl. Franziskus von Assisi. Ergänzungen zu K. Eßer – R. Oliger, La tradition manuscrite des opuscules de saint François d'Assise, in: Collectanea Franciscana 45, 1975, S. 251-267, hier S. 255f.

23 Anna Bovero (Hg.), Tutta la pittura di Carlo Crivelli (Biblioteca d'arte Rizzoli 44/45), Mailand 1961, S. 27
- Pietro Zampetti, Carlo Crivelli, Florenz 1987, S. 266

- Ronald W. Lightbown, Carlo Crivelli, New Haven-London 2004, S. 192-195
- La Maddalena tra peccato e penitenza, hg. von Stefano Papetti und Vittorio Sgarbi (Ausst.-Kat. Palazzo Apostolico, Loreto), Mailand 2016, S. 34f. (S. Papetti)
- Daphne De Luca, Il polittico di Carlo Crivelli a Montefiore dell'Aso, Florenz 2023
- Maddalena. Il mistero e l'immagine, hg. von Cristina Acidini Luchinat et al. (Ausst.-Kat. Musei San Domenico, Forlì), Mailand 2022, S. 451 (F. De Carolis)
- Daphne De Luca, Oro, argento e pigmenti preziosi nel polittico di San Francesco di Carlo Crivelli: indagini sulla materia, in: Opus Karoli Crivelli. Le opere e la materia. Nuove letture su Carlo Crivelli, Protokolle der Konferenz (Camerino - Ascoli Piceno, Oktober 2022), hg. von Stefano Papetti, Daphne De Luca, Graziella Roselli und Giuseppe Di Girolami, Ascoli Piceno 2022, S. 177-193

24 Aldo Sari, Iconografie di S. Antonio di Padova dalle origini ai nostri giorni, in: Biblioteca Francescana Sarda 9, 2000, S. 123–256
- Leo Andergassen, L'iconografia di Sant'Antonio di Padova dal XIII al XVI secolo in Italia (Centro studi antoniani 60), Padua 2016, S. 179-186

25 Mary Berenson Logan, Ancora di Giovanni Francesco da Rimini, in: Rassegna d'arte 7, 1907, S. 53-54
- Serena Padovani, Un contributo alla cultura padovana del primo Rinascimento: Giovan Francesco da Rimini, in: Paragone 22, 259, 1971, S. 3-31
- Federico Zeri, Italian paintings in the Walters Art Gallery, 2 Bde., Baltimore 1976, Bd. I, S. 207
- Vittoria Garibaldi (Hg.), Galleria Nazionale dell'Umbria – Catalogo Generale. Bd. 1: Dipinti e sculture dal XIII al XV secolo, Perugia 2015, S. 381-383 (mit älterer Literatur)

26 Cesare Guasti, I quadri ed altri oggetti della Galleria Comunale di Prato descritti e illustrati con documenti inediti, Prato 1888, S. 20-21, Kat. XII
- Ernst Kühnel, Francesco Botticini. Mit 40 Abbildungen auf 15 Lichtdrucktafeln (Zur Kunstgeschichte des Auslandes 46), Straßburg 1906, S. 8, 31
- Roberto Papini (Hg.), Catalogo della Galleria Comunale di Prato, Bergamo 1912, S. 38-39, Kat. 22
- Maria Pia Mannini (Hg.), Il Museo civico di Prato. Le collezioni d'arte, Florenz 1990, S. 85, Kat. 19
- Lisa Venturini, Francesco Botticini (Artisti toscani dal Trecento al Settecento), Florenz 1994, S. 129, Kat. 85 (mit Literatur)

27 Der Text entstand 2018 anlässlich der Ausstellung „Sao Francisco na Arte de Mestres Italianos" (Belo Horizonte/Brasilien, Casa FIAT de Cultura).
- Umberto Gnoli, I documenti su Pietro Perugino (Appendici al bollettino della Deputazione di Storia Patria per l'Umbria 6), Perugia 1923, S. 44
- Umberto Gnoli, Pietro Perugino, Spoleto 1923, S. 254
- Umberto Gnoli, Pittori e miniatori nell'Umbria, Spoleto 1923, S. 154-155
- Fiorenzo Canuti, Il Perugino, 2 Bde, Siena 1931, Bd. I, S. 128; Bd. II, S. 187, 343
- Ettore Camesasca, Tutta la pittura del Perugino (Biblioteca d'arte Rizzoli 36/37), Mailand 1959, S. 79-80
- Raoul Guèze, Le confraternite di S. Agostino, S. Francesco e S. Domenico di Perugia (Origini, profilo storico e attrezzature teatrali), in: Raffaello Morghen (Hg.), Il Movimento dei disciplinati nel Settimo Centenario dal suo inizio (Perugia 1260), Atti del Convegno Internazionale (Appendici al bollettino della Deputazione di Storia Patria per l'Umbria 9), Perugia 1962, S. 597-623
- Carlo Castellaneta und Ettore Camesasca, L'opera completa del Perugino (Classici dell'arte 30), Mailand 1969, S. 98-99
- Francesco Federico Mancini, Pittura in Umbria tra il 1480 e il 1540. V centenario della nascita di Raffaello – premesse e sviluppi nei tempi di Perugino e Raffaello, Mailand 1983, S. 79 (L. Teza)
- Pietro Scarpellini, Perugino. L'opera completa, Mailand 1984, S. 99
- Francesco Santi, Galleria Nazionale dell'-Umbria (Itinerari dei musei, gallerie e monumenti d'Italia 90), Rom 1985, S. 102
- Nicole Dacos, Le grottesche del Perugino, in: Laura Teza (Hg.), Pietro Vannucci, il Perugino (Atti del convegno internazionale di studio, 25-28 ottobre 2000), Perugia 2004, S. 423-440, hier S. 427
- Perugino mai visto, hg. von Vittoria Garibaldi und Francesco Federico Mancini (Ausst.-Kat. Galleria Nazionale dell'Umbria, Perugia), Perugia 2010, S. 28

Allen Leihgeberinnen und Leihgebern, die dieses Projekt so großzügig unterstützt haben, sei herzlichst gedankt:

* Arezzo, Diocesi di Arezzo-Cortona-Sansepolcro
* Arezzo, Museo Nazionale d'Arte Medievale e moderna
* Ascoli Piceno, Museo Civico
* Assisi, Centro di Documentazione Francescana – Archivio della Basilica e Sacro Convento
* Cento (Ferrara), Collezione Grimaldi Fava
* Florenz, Museo Nazionale del Bargello
* Florenz, Direzione regionale musei della Toscana
* Florenz, Libreria Antiquaria Gonnelli
* Florenz, Galleria degli Uffizi
* Florenz, Fondazione Franco Zeffirelli
* Montefiore dell'Aso (Ascoli Piceno), Polo museale di San Francesco
* München, Deutsche Franziskanerprovinz, Franziskanerkloster St. Anna
* Perugia, Galleria Nazionale e Polo Museale dell'Umbria
* Pescia (Pistoia), Diocesi di Pescia
* Prato, Comune di Prato – Museo di Palazzo Pretorio
* Pugnano (Pisa), Fondazione Cerratelli
* Rom, Gallerie Nazionali di Arte Antica – Palazzo Barberini e Galleria Corsini
* Rom, Ministero dell'Interno – Dipartimento per le Libertà Civili e l'Immigrazione – Direzione Centrale degli Affari dei Culti per l'Amministrazione del Fondo Edifici di Culto
* Sant'Elpidio a Mare (Fermo), Pinacoteca civica „Vittore Crivelli"
* Siena, Collezione d'arte Monte dei Paschi di Siena
* Venedig, Atelier Pietro Longhi
* Santuario Francescano della Verna, Provincia Toscana di San Francesco Stigmatizzato OFM
* Zangberg, Kloster der Heimsuchung Mariens

Marc-Aeilko Aris konvertierte mit 18 Jahren zum katholischen Glauben und wurde 1985 in Fulda zum Priester geweiht. Er ist Professor für Lateinische Philologie an der Universität München, Universitätsprediger an der Kirche St. Ludwig in München und seit 2016 Rektor des Freisinger Doms.

Alberica Barbolani di Montauto ist eine Nachfahrin des Grafen Alberto di Montauto, einem Freund und Förderer des heiligen Franziskus. Seit 2017 ist die Kunsthistorikerin und Kulturwissenschaftlerin Direktionsassistentin an den Uffizien in Florenz.

P. Damian Bieger OFM ist seit 1990 Franziskaner. Der gebürtige Kölner ist aktuell für den Bereich „Geschichte & kulturelles Erbe" der Deutschen Franziskanerprovinz zuständig. Er lebt im Franziskanerkloster in Dortmund.

Fr. Francesco Brasa OFM legte 2006 seine ewige Profess in der Franziskanerprovinz der Toskana ab. 2008 wurde er zum Priester geweiht. Bis Ende September 2023 war er Guardian im franziskanischen Heiligtum von La Verna. Er lebt heute im Franziskanerkloster von San Romano bei Montopoli im Val d`Arno.

Lidia Carrion ist eigentlich Venezianerin, lebt heute aber in der Schweiz. Als Kulturmanagerin führte sie lange Jahre das LAC, das Kulturzentrum der Stadt Lugano. Seit 2014 leitet sie das Swiss Lab for Culture Projects. Sie ist seit vielen Jahren mit dem Diözesanmuseum verbunden und war maßgeblich an verschiedenen Ausstellungsprojekten der letzten Jahre beteiligt.

Caterina D'Amico ist Filmproduzentin, hat zahlreiche Ausstellungen über die italienische Kinogeschichte kuratiert und stand verschiedenen Institutionen vor. Sie leitet das Museum der Fondazione Franco Zeffirelli, mit dem sie eine enge Freundschaft und Zusammenarbeit verband.

Br. Thomas Freidel OFMConv ist gebürtiger Pfälzer und seit seinem Ordenseintritt 1991 Franziskaner-Minorit. Er kümmert sich als Pilgerseelsorger im Sacro Convento in Assisi um deutschsprachige Besucherinnen und Besucher.

Christoph Klingan wurde 2008 in Rom zum Priester geweiht und ist seit 2020 Generalvikar der Erzdiözese München und Freising.

Christoph Kürzeder ist Theologe und Volkskundler. Nach langjähriger Tätigkeit als Kurator und Ausstellungsmacher leitet er seit 2012 das Diözesanmuseum Freising.

P. Hans-Georg Löffler OFM trat 1982 bei den Franziskanern ein. Er ist seit 2013 Pfarrer von St. Anna in München und seit 2015 auch Guardian des dortigen Franziskanerklosters.

Giovanni Morello hat verschiedene Ausstellungen zur italienischen Kunst kuratiert und zahlreiche Bücher veröffentlicht. Der frühere Kurator der Museen der Vatikanischen Apostolischen Bibliothek ist Mitglied der Kommission für den Schutz der Kunstgüter des Heiligen Stuhls, Präsident der Stiftung für die Kunstgüter und Aktivitäten der Kirche und Vorsitzender von Artifex - Comunicare con l'Art.

Yuri Primarosa ist kunsthistorischer Kurator an den Gallerie Nazionale d'Arte Antica in Rom. In zahlreichen wissenschaftlichen Veröffentlichungen hat er sich mit Ikonografie und Kunst des römischen Barock auseinandergesetzt.

Christian Schmid ist Grafikdesigner und seit 22 Jahren mit dem Diözesanmuseum Freising verbunden. Er ist nicht nur verantwortlich für das Erscheinungsbild des Museums und für viele Printmedien, sondern entwickelt auch museumseigene Produkte.

Maria Antonietta Terzoli war von 1991 bis 2022 Ordinaria für italienische Literaturwissenschaft an der Universität Basel. Sie hat sich in zahlreichen wissenschaftlichen Studien mit der italienischen Literatur vom 14. bis zum 20. Jahrhundert beschäftigt und Studien, Editionen und Kommentare zu bedeutenden Schriftstellern wie Dante, Petrarca, Tasso, Ugo Foscolo und Carlo Emilio Gadda veröffentlicht.

ABBILDUNGSVERZEICHNIS

Wenn nicht anders angegeben, stammen die Fotografien von Christian Schmid.

S. 180, 182
Foto: Rom, Gallerie Nazionali di Arte Antica – Palazzo Barberini e Galleria Corsini

S. 184/185
Habit des hl. Franziskus Basilika San Francesco, Unterkirche, Assisi

S. 186
Florenz, Galleria degli Uffizi

S. 189, 191
Foto: Rom, Gallerie Nazionali di Arte Antica – Palazzo Barberini e Galleria Corsini

S. 192/193
La Verna

S. 196, 199
Foto: Florenz, Galleria degli Uffizi

S. 200/201
Sonnenaufgang in Anghiari, 15. Juli 2023

S. 202/203, 205
Foto: Prato, Museo di Palazzo Pretorio

S. 207
Foto: Florenz, Libreria Antiquaria Gonnelli

S. 209
Foto: Florenz, Galleria degli Uffizi

S. 210
Reliquiar mit Segensformel und Brief des Franziskus an Bruder Leo, Basilika San Francesco, Assisi

S. 213
Foto: Florenz, Museo Nazionale del Bargello

S. 214
Altar mit Relief der Himmelfahrt Mariens von Andrea della Robbia, La Verna

S. 216, 219
Foto: Cento (Ferrara), Collezione Grimaldi Fava

S. 221, 222
Foto: Ascoli Piceno, Museo Civico

S. 225
Foto: Florenz, Galleria degli Uffizi

S. 226, 227
La Verna

S. 228
Foto: Rom, Gallerie Nazionali di Arte Antica – Palazzo Barberini e Galleria Corsini

S. 231
La Verna

S. 223
Kupferstich aus Kat. 14

S. 234/235
La Verna

S. 237-238
Foto: Cento (Ferrara), Collezione Grimaldi Fava

S. 242/243
Bullierte Regel des hl. Franziskus, Basilika San Francesco, Assisi

S. 244/245
Foto: Walter Bayer

S. 248/249
Papst Innozenz III. bestätigt die Regel des Franziskus Fresko von Giotto di Bordone Basilika San Francesco, Oberkirche, Assisi

S. 250-252
Foto: Ascoli Piceno, Museo Civico

S. 255
Das rekonstruierte Triptychon heute. Foto: Scuola di Conservazione e Restauro dell'Università di Urbino Carlo Bo/ Claudio Falcucci, MIDA srl

S. 256/257
Kleider und Habit der hl. Klara, Klosterkirche Santa Chiara, Assisi

S. 258/259
Gebetschor im Kloster San Damiano

S. 260
Foto: Walter Bayer

S. 263, 265
Fotos: Perugia, Galleria Nazionale e Polo Museale dell'Umbria

S. 267, 268
Foto: Prato, Museo di Palazzo Pretorio

S. 271
Foto: Perugia, Galleria Nazionale e Polo Museale dell'Umbria

S. 274, 275
Szenen aus dem Film *Brother Sun, Sister Moon*
Fotos: Fondazione Zeffirelli

S. 278
Foto: Wikimedia Commons

S. 282, 285, 287
Fotos: Mit freundlicher Genehmigung der Archivio Iconografico der Kommune Ascoli Piceno

S. 291, 320
Stigmatisierung, Fresko von Giotto di Bondone, Basilika San Francesco, Oberkirche, Assisi, Foto: Alamy

S. 294/295
Foto: Wikimedia commons

S. 298/299, 303, 306, 307, 309
Fotos: Mit freundlicher Genehmigung der Gallerie Nazionali di Arte Antica (Roma)

S. 302
Foto: Claudio Giusti, Lastra a Signa (Florenz)

S. 312-319
Fresken von Giotto di Bondone, Basilika San Francesco, Oberkirche, Assisi

S. 320
Fresko von Giotto di Bondone Basilika San Francesco, Oberkirche, Assisi, Foto: Alamy

S. 323
Cimabue, Madonna zwischen Franziskus und Dominikus Foto: Florenz, Galleria degli Uffizi

S. 330/331
La Verna

S. 332/333, Autorenfotos:
Foto Aris:
Peter Schwarzfischer
Foto Barbolani: Autor
Foto Bieger: Autor
Fotos Brasa, Carrion, Kürzeder: Christian Schmid
Foto d'Amico: Autorin
Foto Freidel: Autor
Foto Klingan: EOM/ Lennart Preiss
Foto Löffler: Autor
Foto Morello: Autor
Foto Primarosa: Autor
Foto Schmid: Christoph Kürzeder
Foto Terzoli: Autorin

IMPRESSUM

Kataloge und Schriften des Diözesanmuseums
für christliche Kunst des Erzbistums
München und Freising
herausgegeben von Christoph Kürzeder
Band 84
Diese Publikation erscheint anlässlich
der Ausstellung *San Francesco – Der Heilige aus Assisi*
vom 8. Oktober 2023 bis 7. Januar 2024
im Diözesanmuseum Freising

KATALOG

Herausgeber
Christoph Kürzeder

Gestaltung & Fotografie
Christian Schmid

Übersetzungen
scriptum srl, Rom

Redaktion
Anna-Laura de la Iglesia y Nikolaus

Lektorat
Maria Hildebrandt

Herstellung
Philipp Arnold

Druck
Druckerei Vogl, Zorneding

Papier
Gmund Hanf 100%
Gmund Colors Matt 85
Lakepaper Blocker

ISBN: 978-3-930618-13-2

Diözesanmuseum für christliche
Kunst des Erzbistums München und Freising
Direktor Christoph Kürzeder
Domberg 21, 85354 Freising
www.dimu-freising.de

AUSSTELLUNG

Konzeption
Christoph Kürzeder,
Anna-Laura de la Iglesia y Nikolaus

Leihverkehr & Koordination
Lidia Carrion und Paolo Carrion,
Swiss Lab for Culture Projects SA, Lugano

Wissenschaftliche Beratung
Marc-Aeilko Aris, Steffen Mensch, Carmen Roll

Gestaltung
unodue{ münchen

Restauratorische Betreuung
Sabine Kroiß, Corinna Pflästerer-Haff

Koordination Ausstellungsaufbau
Alfred Stemp

Leitung Haustechnik
Christoph Schalasky

Transporte
Arteria

Sekretariat
Sandra Angermaier, Andrea Stock

Presse- und Öffentlichkeitsarbeit
Nina Schuster

Mediaguide
Linon Medien, Berlin

Vermittlungsprogramm
Anna-Sophia Achatz-Reichelt, Katharina Huys

DIÖZESAN
MUSEUM
FREISING

Rebellisch, störrisch, den eigenen Weg konsequent verfolgend: Franziskus bricht mit der Konformität der damaligen Zeit, Gmund mit der Traditionalität der heutigen. Denn so wie Franziskus stets auf der Suche nach neuen Lebensformen war, wendet sich Gmund heute zukunftsorientiert alternativen Rohstoffen und Techniken zu. Franziskus und Gmund Hanf Papier: fest im Gefüge, revolutionär im Denken, wild und resistent. Der Geist will bewegt sein, damals wie heute.
GMUND
PAPIER